さえない男と
ばかり付き
合ってしまう

言いたいこと
が言えない

マイナス思考
から抜け
出せない

\いつも/ 「ダメなほうへいってしまう」クセを治す方法

大嶋信頼
Nobuyori Oshima

廣済堂出版

いつも「ダメなほうへいってしまう」クセを治す方法

はじめに

「あなたが若かったときには、自分で帯をしめて、思いのままに歩き回っていた。しかし年を取ってからは、自分の手を伸ばすことになろう。そして、他の人があなたに帯を結びつけて、行きたくないところへ連れて行くであろう」(ヨハネの福音書21章18)

私は子どもの頃から「あ！　そっちじゃなくて、あっちに行きたかったのに！」と後悔することしかしてきませんでした。

悪い友達といっしょにいると「大変な目にあう」とわかっていて「家で宿題をやっていたい！」と思っているのに、そんな友達といっしょに遊びに行ってしまいます。そして立ち入り禁止の野球場のフェンスを越えて入ってしまい、管理人さんから大声で怒鳴りつけられて、追いかけ回され、泣きながら逃げ回って「やっぱりこっちに来なければよかった！」と後悔します。

なぜか「あっちへ行っておけばよかったのに！」という方の選択ができませんでした。

こんなこともありました。子どもの頃にスーパーカーが流行っていて「おばあちゃんが誕生日プレゼントにおもちゃ屋でミニカーを買ってくれる！」という話になります。

みんなが「かっこいい！」と言っていたのは青のスーパーカーでした。みんなといっしょの青のスーパーカーが私は欲しかったのに、なぜか、そのときになって「金色のスーパーカーにする！」と金色を買ってもらいます。

おばあちゃんの家で箱をあけたときに「なんで青が欲しかったのにこれを買ってもらったんだろう？」と自分でも不思議に思います。

そして、学校で友達にそれを見せたら「ダサい！　変なの！」とバカにされて、踏みつけられて壊されてしまったんです。惨めで悲しくて泣きじゃくりながら、「なんで青色のスーパーカーが欲しいって言わなかったんだろう」と後悔します。

これまでの人生のありとあらゆる選択の場面で、その連続でした。

「本当はこっちに行きたい！」というのがはっきりわかっているのに、全く違う選択をして「なんであっちに行かなかったんだ！」と後悔していました。

自分一人がこんな後悔をしているんだろう、と思っていたのですが、カウンセリングの仕事をするようになってから、「え！　こんなにたくさんの人が後悔しているんだ！」ということがわかってきます。「自分ひとりじゃないんだ！」と思ったらちょっと安心するとともに「どうして自分の気持ちに素直に生きられないのだろう？」ということが疑問になってきます。

ところがあることをきっかけに、私は「あ！　いつのまにか自分にとってベストを選択できるようになった！」と生まれて初めて感じられた瞬間があったんです。

「生まれて初めてなんて大げさじゃない！」と思われるかもしれませんが、私にとってそれは事実でした。これまで自分が本当に求めていることを選ぶことができない理由があったんです。

この本を読んでいただくと、「私は自分のしたいことをしてきた！」と思っていらっしゃる方でも、「もしかしたらそうじゃなかったのかも！」ということに気がついてくださるかもしれません。

そうなんです！「自分が求めているものをちゃんと選んでいる！」と思っていても、本当は選ぶことができていなかったりするんです。

この本では、その仕組みを解説しながら、本当に求めている方向を選択できる簡単な方法も紹介していきます。その仕組みを知り、本当に自分の求めていることが選択できるようになっていくと「え？　人生ってこんなに楽なの？」とこれまでとは全く違った世界が目の前に広がってくるかもしれません。

子どもの頃と違って、歳をとるとともに選択肢はどんどん少なくなり、自分の行きたい方向には行けなくなる、というのが世間の一般的な常識です。その常識が全く覆っていき「大人になってからでも大丈夫！　どんどん自分の本当に求めているものが得られるようになる！　ますます豊かになる！」ということをわかっていただくのが、この本の目的だと考えています。

これまでの心理学の常識や、一般常識からはちょっと外れているかもしれません。でも「もしかしたら」という気持ちで読んでいただければ、「いつのまにか選べていた！」ということになるのかもしれません。

本当の自由を。心のままに。

２０１８年２月

大嶋信頼

いつも「ダメなほうへいってしまう」クセを治す方法◉目次

第2章 ダメ男とばかり付き合ってしまうのはなぜ？

第3章 「素直になれない」自分から抜け出す

第1章

本当は
こっちにいきたいのに、
そっちへいってしまう

1 言いたいことが言えない

「本当はこっちに行きたかったのに、なぜいつも自分はダメなほうに行ってしまうんだろう？」。職場でもプライベートでも、そんな悩みをお持ちの方は多いものです。そう言う私もそんな人間で、若い頃からもがき苦しんできましたから、よくわかります。でも大丈夫。自分を客観視して、原因となっている「悪いクセ」をはっきりさせれば、そんな自分を変えるのは案外簡単なんです。さあ、いっしょに苦しみから抜け出しましょう。

ケース1

◆相手の問題点をはっきり指摘したい。でも、〝相手に悪く思われるかも〟と考えて言いたいことが言えない

「いい仕事をやりますよ！」と快く仕事を引き受けてくれた人に対して「ありがとう！　どんなものが仕上がってくるのかな？」と期待をします。

でも、締め切りを過ぎても一向にできあがってこないんです。ちゃんと支払いまで済んでいるのになんの音沙汰もなくて「どうしたんですか？」と聞きたいのですが、「ここで聞いてしまったら、相手を信頼していないことになるもんな」と思ってしまいます。

「どうなっているんですか？」なんてメールを出してしまったら「ちっちゃい人間に思われちゃう」と気になって出すことができません。

本当だったら「仕事を引き受けたんだったら、定期的に〝報告・連絡・相談〟はしようよ！」と伝えたいんです。「ちゃんと〝報告・連絡・相談〟ができないのだったら仕事が成り立たないでしょ！」と言いたい。それでいじけたり、仕事をいい加減に放棄するような相手だったら、「仕事を任せられない相手」として今後付き合わなければいい、と思っているんです。

自分の友達は、同じ相手に仕事を頼んでいたのですが、相手の仕事の仕方を見て、さっさと関係を切ってしまってスッキリしている。自分もちゃんと仕事の報告をしてこないような相手には思っていることを伝えてすっぱり切ってしまって「さっぱりした！」と言えたらどんなに楽なんだろう！　と思うんです。

でも、何のやり取りもなく、何も言ってこない相手に対して「いい加減にしろよ！」と心の中で思っていて、ストレスを溜め込んでしまいます。相手に「ちゃんと報告しに来てください！」と伝えたいのにそれができなくて、悶々としちゃいます。

「もしかしたら、相手はちゃんとした仕事をしてくれるのかもしれない！」とか「もし相手を不機嫌にさせてしまったら、仕事がおじゃんになって損するかもしれない！」と思うから「ぐっとここはこらえて大人にならなければ」と我慢します。

我慢したってすぐに思い出してイライラしている器の小さい自分を感じながら惨めな思いをしてしまうんです。

そして、待ち続けたあげくに「信じた自分がバカでした！」という結果に。いつもこんな感じで、相手を信じては期待を裏切られ、「あーあ！」となります。

人のことを信じなきゃいいのに、裏切られてからものすごく傷ついて損をした

感じ。こんなことになるんだったら、最初から自分が思っていることを伝えておけばよかったのに！　と強く後悔しちゃうんです。

第一のメソッド 「自己犠牲」を払うことをやめよう

この「言いたいことが言えない」というタイプの人は「自己犠牲タイプ」の人です。

一般的には「気が弱いから」とか「人に気遣いをしすぎるから」というように思われてしまいます。でも、本当は「私が犠牲になればいい」と思っているから「言いたいことが言えない！」んです。

両親が不仲でケンカをしていると、「ダメな子」を演じて家族の犠牲になって注目を自分に向けさせることで家族のバランスを取ろうとしてきた子が「自己犠牲タイプ」になったりします。

子どもなのに、不機嫌な母親に気を使って愚痴を聞いてあげ、母親の精神的なバランスを取ろうとしてきた子も「自己犠牲タイプ」になってしまいます。

「子どもらしく自由に伸び伸びと生きる！」というのを犠牲にして、家族にとっての**よい子、ダメな子を演じて、自らストレスを受け取ることで家族という世の中をうまく保ち続けてきた**ので、大人になってからの他者との関係でも、「自分が犠牲にならなければ」と、あえてやりたいことを〝我慢〟してしまいます。

そこで、言いたいことが言えずに言葉を飲み込もうとしたときに、**「あ！　自分は自己犠牲しようとしている！」と気がついてあげる**だけで、簡単に行きたい方向に行けたりします。

誰かの犠牲になってあげようとしているのに、自分に対して「気が弱いから」とか「嫌われたくないから」などと本質とは違う理由づけをしてしまうと、いつまでも変わることができません。

でも、自分の本質的なところにある理由に気づいてあげるだけで、「あ！　もう自分が犠牲になることはないんだ！」と自己犠牲を払うことをやめて、自分の言いたいことをきちんと相手に伝えることができるようになるんです。

第二のメソッド　言いたいことを言う訓練をする

「言ってしまったら相手から嫌われちゃう！」とか「余計なことを言って損をしちゃったらどうしよう！」と〝言わないための言い訳〟が次から次へと浮かんでくるから「言いたいのに言えない！」となってしまいます。

〝言わないための言い訳〟は「本当はこっちに行きたい」を邪魔するものです。

自分では「言った場合と言わなかった場合の損得勘定もちゃんと考えている」という意識があっても、頭の中で相手と会話をするだけで実際の相手と会話をしないでいたら何も進展しません。

自分の頭の中で相手とやり取りをして諦めるのではなく、相手とコミュニケーションをとって、**実際に言いたいことを伝え、そして相手から返ってくる言葉によって、仕事や人間関係をつくっていく訓練をしていきます。**

これまで頭の中で「いい加減にしてよ！」と相手にダメ出しをする癖がついてしまっているから、その習慣を変えて、実際に思っていることを言葉や文字にする訓練が必要なだけ。頭に浮かんだ相手に対するダメ出しをストレートに伝えるもよし、それをちょっと加工しながらでも、相手に伝えることで、「あ！　自分が考えていたこととは違う！」「自分の思っていることをはっきり言うのはそんなに大変じゃない！」ことに気づきます。

こうして、お互いの誤解も解けて自分の言ったことで人間関係を壊さず、損することなく、自分の行きたい方向に進めるようになるんです。

2 頼まれると断れない

ケース2

◆人に振り回されず、できるだけ自分の意思を通したい。でも人からどう思われるかばかりが気になり、頼まれると断れない

「残業してこの仕事引き受けてくれないかな？」と頼まれると、「う〜ん……」と悩みますが、相手が困った顔をしたり、ちょっとイラッとした表情を見せた途端に「いいですよ！」と引き受けてしまいます。

残業したら、次の日の仕事に影響して、自分の本来の仕事が思うように進まなくなるのに、とっさに断ることができないんです。

本当だったら「今は無理です！　引き受けられません！」と伝えたいんです。次の日の「自分の本来の仕事」もあるし、だから、今の自分のキャパでは「無理！」ということを自分自身で認めて、それを相手に伝えたい。

「それを私が引き受けなかったらどうなるんだろう？」なんてことも考えたくありません。そんなことを考えていたらきりがないから、頼んでくる相手に、「引き受けられません！」とはっきり断りたい。人を頼らないで、自分の仕事の処理の仕方を自分で考えて欲しいんです。

でも、結局仕事を引き受けてしまうんです。そして、疲れ切って家に帰って、自分のことを何もできずに、食事をしたらコトンと寝落ちしてしまいます。次の日、「仕事に行きたくないな」と憂鬱な気分になるのはわかっているんです。

いつもこんな調子で、断れずに引き受けてしまって、本来の自分の仕事がうまくいかずにストレスがどんどん溜まって、ますます仕事の効率が落ちて体調を崩してしまう、ということの繰り返し。

「今度こそははっきり断ろう！」と思うのですが、その場になると「これを断ったら、この人は困るんだろうな！」とか「他の人にこの仕事を押し付けたらうま

くいかないんじゃないか？」と余計なことを考えちゃいます。

すると「これを断ったら、すごく嫌なやつに思われちゃうんじゃないか？」とか「相手から嫌われて、もう信頼してもらえないんじゃないか？」と、どんどん不安になってしまいます。

だから「いいですよ！」と請け負ってしまい、後になって「なんで受けちゃったんだろう！」と後悔して惨めな気持ちになってしまいます。引き受けたときは「相手が可哀想だから」と思っていたのです。

でも「なんでこんなことまで私がやらなきゃいけないんだ！」とムカムカきて、「自分はもしかしたら軽く見られているのかもしれない！」とわがままな相手に対しての怒りまで湧いてきてしまいます。

こんなに怒りにまみれて、バカにされているような汚れた気分になるんだったら、引き受けなきゃいいのにと思うのですが、その場になるとどうしても断ることができないんです。

第一のメソッド 「英雄」から「一般人」に戻る

この**「頼まれると断れない」という人は「英雄タイプ」**である可能性があります。

本来、子どもは弱い存在だから親から守ってもらわなければなりません。しかし、両親の仲が悪かったり、母親と姑《しゅうとめ》との関係が悪かったりして、母親が悲しそうな顔をしていると、子どもは「守ってもらえない」という不安に襲われます。

子どもにとって「親から守ってもらえない」というのは「死ぬこと」に値するぐらい怖いこと。だからその怖さを「自分が英雄になって家族を守る」という妄想をすることで打ち消す習慣ができてしまう。こうして「英雄タイプ」の人ができあがります。

親から「守ってもらえなかった」のは、「自分には大切にされる価値がなかったせい」と考えてしまうから、このタイプの人は自分に自信がありません。そこで、自分の価値を「人を助けることで埋めよう」として「いいですよ！」と簡単に引き受けてしまうのです。**このタイプの人が頼まれたことを引き受けても相手からは決して感謝されません。**なぜなら「英雄」は「人を助けて当たり前」と思われているから。

結果、感謝されないだけでなく、相手から搾取された感覚になるのですが、「英雄」だからそれを相手に伝えることもできず、ますます「自分は存在価値がない」となって、なおさら人を助けて自分の価値を見出そう、と悪循環になってしまうんです。

そこで、**「お願い！　何とかして！」と頼まれたときに、「あ！　私は英雄タイプなんだ！」と思ってみること。**そうするだけで「悪いけど自分でやってもらえる⁉」と断ることができて、「英雄」から「一般人」に戻ることができます。

これに気がつかないでいると、何かにつけ「英雄」に変身しちゃいますが、「自分は英雄タイプなんだ！」と気がつくだけで、もう変身することがなくなり、軽く引き受けてあとで後悔することがなくなるんです。

第二のメソッド　具体的な数字を出して断る

頼まれた仕事に対して、ちょっとでも「嫌だな」と〝不快〟を感じることがあったら、とりあえず断る習慣をつけましょう。

そして、**断るときは、漠然と断るんじゃなくて、その仕事を終えるのに要する具体的な時間などの数字を提示して断る訓練をします。**

「依頼された原稿を２０００字書き上げるのに最低でも2時間半かかります。でも、今日は通常業務がみっちり入っていて、それが全て終わるのが22時過ぎになるので、現在の状況ではお引き受けすることができません」など具体的に伝えます。

自分がやっている仕事にかかる時間を具体的にきちんと計算してみると「無理！」ということがわかるので、頼まれたときに相手に即答するのではなくて、相手に待ってもらって、しっかり計算してから伝える習慣をつけるといいでしょう。「1、2時間でできるだろう」などと甘く見積もるのではなく、正確に辛く見積もることも次第にできるようになってきます。

家事をやってらっしゃる方も、普段意識していない「時間」をちゃんと計算してみると、「あ！　時間があると思っていたけど意外とない！」ということが理解できて、夫や子どもに対しても、「今は無理！」とちゃんと伝えることができたりするんです。

それでも押し付けてくるような相手は「こちらの気持ちを考える」という共感性がない無責任な人ですから、そんな相手の立場になったり「この人から嫌われたくない！」なんて思う必要はありません。「お引き受けすることはできません！」と**はっきり断ることで、逆に相手との関係を改善することができるのです。**

3 同じ相手を何度も傷つけてしまう

ケース3

◆一度傷つけた相手を再び傷つけるのだけは避けたい。でも、つい発したひと言がまた同じ相手を傷つけてしまう

子どもに対して「もう宿題は終わったの？」と聞いたとき、終わっていないのに「終わったよ！」と嘘をつかれると、「なんで嘘をつくの！」とムカッとくることがありませんか？　私がそうなんです。思わず「嘘つきって大っ嫌い！」と、蔑《さげす》むような目でにらみつけちゃって、子どもの心を傷つけてしまいます。

夫に対しても、たとえば、自分が熱心に話しているのにちゃんと聞いていないなか

ったりすると、「あんた、聞いてるのっ⁉」から始まって、言ってはいけないようなひどいことまで言ってしまって傷つけてしまうんです。

本当は、子どもだから先のことなんか考えられるわけがないのはわかっていて、優しく「どうして宿題をしないといけないのか」ということを説明してあげたい。大人の立場でちゃんと子どもを理解して、優しく接してあげれば、子どもを怯《おび》えさせることも、怯えて嘘をつかせることもないのです。

夫に対しても同じで、「今日は大変なことがあって疲れているのかな？」と受け止めたいんです。ちゃんと大人同士、相手の立場になって考えることで相手を傷つけることなく、お互いを尊敬し合いながら成長していきたいのです。

相手を傷つけたあとは後悔して、「傷つけないようにしなきゃ！」としばらくは相手に気を使って生活することはできます。普段は、大人になって、相手の立場をちゃんと考え、気を使って優しく接してあげているんです。

でも、あるとき何かのきっかけで「私はこんなに気を使っているのに、なんであんたはわからないの！」と怒りが湧いて、またいらないひと言を発して相手を傷つけてしまいます。

相手の気持ちを考えて、お互いに尊敬し尊敬される関係をつくるための努力を続けてきたのに、そのひと言でぶち壊し。「また信頼関係が崩れてしまった！」となってしまいます。

傷つけた相手の心が冷たくなっていくのが感じられ、「ひどいことをしてしまった！」と反省するのですが、またしばらくすると同じように相手を傷つけて信頼を失う、という方向にどうしても行ってしまうのです。

第一のメソッド 「お節介」しすぎるのをやめる

「相手のことを傷つけている」と思ってしまうのは、そもそも「相手の気持ちを考えすぎ！」なんです。

このようにして常に人の気持ちを考えて「相手のためによかれ」と思って余計なことを言ってしまうのが「イネイブラータイプ」となります。ここでの「イネイブラー」という言葉は、単純に**「お節介焼き」**と訳しておきます。

子ども時代には、「自由に自分の好きなことをやって、ストレスを溜めない！」という感覚を養うことが大切です。

でも、両親から「あなたはお姉ちゃんなんだからしっかりしなさい！」とか「あなたはお兄ちゃんなんだから我慢しなさい！」と言われて子ども以外の〝役割〟を与えられてしまうと子どもらしさが失われて、「自由に自分の好きなことをやって、ストレスを溜めない！」ということができなくなります。

子どものときに、自由に生きられなくてストレスが溜まると、憂鬱な気分に支配されたり、何に対しても絶望的な感覚になってしまいます。

さらに困ったことに、こうした子どもが、「人の気持ちを考えると自分のストレスを感じないでいられる」ということを学習してしまうと、人の気持ちを考えることがやめられなくなってしまいます。

人のことを考えることで、自分の抱えているストレスに注目しなくてすむから、常に人の気持ちを考えて「相手によかれ」と思うことを言ったりやったりしてしまうんです。

でも、本人の中にはストレスが溜まっているので、相手のことを考えたときに、

「相手は不幸になる」とネガティブな思考しか湧いてきません。

実際は相手の周りに何も不幸なことが起きていないのに、「このままだと大変なことになる!」とものすごい危機感を感じてしまって、「なんでそれがわからないの!」と怒りが湧き、相手を無理やり動かそうとしてひどいことを言ってしまうんですね。

乗馬でいうムチ入れです。「バシン!」と鞭を入れないと相手は動かない。そりゃそうです! 相手は危機感なんて感じていないんですから。**全てイネイブラータイプの人の脳に溜まったストレスが見させる幻の「そこにある危機」なんですから。**

相手の気持ちを考えたり「このままだとこの人は大変なことになる!」と焦り始めたら、**「あ! 私はイネイブラータイプなんだな!」と思うだけで大丈夫。**「人のことばかり考えて、相当脳にストレスが溜まっているんだな!」とわかれば、好きなことをやってストレスを解消する方向へと自然と動き出します。幼子のように。

第二のメソッド 「私は」を主語にして相手に気持ちを伝える

「相手を傷つけたくない」とか「相手から嫌われたくない」と思っていると、相手の気持ちばかり考えて、自分の気持ちを吐き出すことができなくなって、脳にストレスが帯電してしまいます。

脳に帯電したストレスは、限界を超えると放電を起こしてしまい、そのときに相手を傷つけるような言葉が発作的に出てきてしまうんです。

ですから、普段から相手に気を使うのではなくて、自分の気持ちを素直に相手に伝えることで、ストレスは溜まらなくなり、同じ相手を何度も傷つけることがなくなります。

自分の気持ちですから「私は〜と感じている」と「私は」を主語にすることがポイントになります。

子どもに対して「なんで嘘をつくの！」と伝えるのではなくて、「私は嘘をつかれるのが不快だ」と伝えます。

「私は不快」と相手に伝えれば、自分の気持ちが発散されるので脳にストレスが溜まることなく、しだいに相手を傷つけることもなくなっていくのです。

夫に対しては「私は、話を聞いてくれなくて寂しい」と伝えれば、ちゃんと気持ち

が発散されて、相手に対する不必要な怒りをぶつけることもなくなります。

日本人は、「私は」と自分の気持ちを伝える習慣があまりないので、トレーニングが必要となりますが、やっているうちにコツを掴んで「あ！　これだと相手といい関係が保てる！」という実感が得られるようになります。

4 会社を辞める決断がつかない

ケース4

◆こんなブラック企業は早く辞めたい。でも、なかなか〝辞めます〟と言い出せない

同業種の他の会社よりも給料がものすごく安くて、今どき「残業はやって当たり前でしょ」というような態度を上司からとられています。それなのに、「どうして無駄な残業をしたんだ！」と怒られて、残業時間も認めてもらえず、当然、残業代も支払われません。

「仕事が遅い」とダメ出しをされて、本当は自分よりも仕事ができないヤツが認

められて出世したり昇給しているのに、自分はいつまでたっても同じ給料。昇給もしないし、上司が仕事ができる人をいじめて潰してしまうような職場環境にい続けても「何のメリットもない！」です。

だから、さっさと転職活動をして、自分に合った会社を探してみたい。どの会社に行ったって、今の最悪な職場環境よりはましだろうし、人間関係だってこの会社とは全然違ってくるから、可能性だって広がってくるはずなんです。

「自分を受け入れてくれる会社なんかあるのかな？」なんて考えていないで、さっさと履歴書をたくさん書いて、複数の会社に送って「自分を気に入ってくれる会社」に賭けてみたい。転職をしたら、今の会社の連中を見返せるような仕事ができるような気がしているんです。

でも「転職なんか自分には無理かな？」と弱気になって、一歩踏み出せなくなるんです。今の会社で認められないんだったら、ほかに行ってもダメなんじゃないか？　と怖くなります。「どこに行っても逃げているだけで同じことを繰り返す！」という言葉が頭の中に響いてきて、ひどい会社、と思っていても抜け出す勇気がないんです。

勇気がないくせに「ここで自分が抜けちゃったら、無責任なんじゃないか?」とか、私の仕事を引き継ぐことになってしまう「○○さん」に迷惑がかかってしまうから、とカッコイイ辞めない理由を考えてしまいます。

仕事の肝心な場面でダメを出し、仕事の邪魔をしてくる上司に対しても、「もしかして、本当は私のためを考えて言ってくれているんじゃないか?」と思って

「私が辞めたらこの上司は私に対して失望するのでは？」なんてアホなことを考えて辞められない理由にしちゃいます。

これまでも「今は転職のタイミングじゃないかも？」という変な理由で転職活動を先延ばしにして来ました。気がついたら、いつまでも残っているのは結局私だけ。同期の連中はとっくの昔にもっと条件がいいところに転職をして、自分だけ取り残されてしまっています。

一番古株になってしまっているので、ますます「自分が抜けてしまったら、大変なことになるのでは？」と余計な心配をして抜けることができないんです。

第一のメソッド 「ダメ出し」がなくなったら自由になれる

「自分には無理！」とか「どこに行っても同じで逃げているだけなのでは？」と考えて動けなくなってしまう人は「ダメ出しタイプ」だったりします。

「会社のあそこが駄目！　ここが駄目！」とか「上司のあの態度が駄目！　あの言い

方が駄目！」といくらでもダメ出しが湧いてきてしまうのですが、このタイプは、何に対してもダメ出しが湧いてきてしまうから「こんなことを思っている自分が駄目」と**いつの間にかダメ出しの対象が自分になってしまうんです。**

自分では、自分にダメ出しをして自分を正そうとしていると思っているから、「弱気だから駄目」とか「もっと仕事を早くできないから駄目」などと、次々に自分にダメ出しをしちゃっています。

相手にダメ出しをすればするほど、それにちゃんと対処できない自分が駄目、という具合に自分に対するダメ出しも止まらなくなってしまうから「動けない」となってしまうんです。

人の脳活動を脳血流で観察してみると、自分にダメ出しをしたときは、学習に必要な脳の部位は「動いていない！」となります。反対に、自分をほめたときは、脳の学習に必要な部位が「活発に動いている！」となるから、**ダメ出しするよりほめた方が学習が早くなります。**

絶えず自分にダメ出しをしているから、仕事でも学習しないし、何か不快な目に遭ってもそのことを学習できずに同じところをぐるぐる回っているラット状態になっています。だから転職活動もできません。

「あ！　自分はダメ出しタイプで何かにダメ出しをすると止まらなくなってしまうんだ！」ということに気がつけば、悪循環から抜け出すことができます。

むかつく上司に頭の中でダメ出しをしたくなったら「自分はダメ出しタイプなんだ」と気づいてあげるだけでダメ出しが止まります。

気がつかないと、上司へのダメ出しから飛び火して、自分に対してのダメ出しが止まらなくなります。そこで「自分はダメ出しタイプで止まらなくなる」と気づいて認めてあげることで「あ！　自分に対するダメ出しが止まった！」となるんです。

また、ダメ出ししそうになったときに「自分はダメ出しタイプなんだ！」と気がついてあげることで「あれ？　上司の態度が変わった！」となります。

上司に対して頭の中でダメ出しをしていると、それが表情や態度に出てしまって、知らず知らずのうちに上司を攻撃していたから、上司の態度も悪かったのです。こうして、上司の自分に対する印象が悪かったこともわかるようになってきます。

ダメ出しに気がつくようになって、自然とそれをしなくなることで職場環境が変わり、仕事の仕方が変わってくると、「もう次の環境に移ってもいいかな！」となるから不思議なんです。

「ここに自分がいなくちゃダメ！」というのもダメ出しの癖の一つで、**ダメ出しがなくなったら「自由！」なんです。**

「なんだってあり！」に変わるから、「いろんなことに挑戦してみよう！」と自分が本当に行きたい方向を選択できるようになるんです。

第二のメソッド 会社にいるメリットとデメリットを書き出す

この会社にいる「メリットとデメリット」をリストにして、一から番号を振ってみましょう。

たとえばデメリットは、「①年収が他の同業種の会社よりも200万安い」、「②残業をしているのに150時間分が支払われなかったので、年間、30万円を会社に搾取されることになる」、「③本来は3人でする仕事に対して2人しかあてがわれず、それで仕事が遅いと責められる」など、できるだけ客観的に、そしてできたら具体的な数字を入れながらデメリットを上げていきます。

上司からの嫌味やパワハラにしても、週に何回を受けたか、というように「数字」がとっても大切になります。

次にメリットですが、「メリットなどない！」などと言わずに、「①40歳で役職がないから責任を取らされずに適当に仕事ができる」とか「②勤務時間のうち4時間は単純作業なので、疲れないで仕事ができる」など、デメリットと同じぐらいメリットも絞り出してみて、そのリストを比べてみます。

こうして、**「パワハラ上司がむかつく！」などと感情論的にならずに数字を使って具体的にデメリットを書き出してみる**と「そんなにこの会社は悪くないのかも？」と思えてきます。

そして「本当にこの会社自体は悪くなくて、ちょっとは恩恵を受けているのかも？」と思えてくると、逆に、「ちょっと転職活動をして他の会社も見てみたいな！」となるんです。

「残業代が払われない！」とか「上司がむかつく！」と会社に対して怒ってしまうと、会社に執着しちゃって、そこから抜け出すことができなくなります。

「愛憎相半《あいなか》ばする」という言葉があるように、愛すれば愛するほど憎さも増す、という現象です。逆に相手を憎めば憎むほど愛着も湧いてしまって、それが強ければ強いほど関係を切ることができなくなります。

客観的な数字をリストの中で打ち出すことで「会社や上司に対しての憎しみ」が打ち消されて、同時に愛着もなくなりますから、がぜん動きやすくなって行きたい方向へ進めるようになるんです。

5 マイナス思考から抜け出せない

ケース5

◆何事にもプラス思考でクヨクヨせず生きていきたい。でも、マイナス思考に陥って「どうせうまくいかない」と考えてしまう

仕事で、部下が頼んだことをやっていないと、「自分は馬鹿にされているのかな？」なんて考えてしまいます。そしてつい強い口調で、「なんで言ったことをちゃんとやってくれないの！」と言ってしまい、「しまった！」と後悔します。「気分を害しちゃったかな？」とか「パワハラだと思われていないかな？」なん

てことが気になって、仕事中もグルグルそのことを考えるのがやめられなくなってしまうんです。

部下がやっていなかったら「じゃ、自分でやればいいか」と、相手の気持ちなんか考えないで、さらっと仕事を片付けてしまいたいんです。

「別に部下に好かれたって嫌われたってどうってことないし！」という具合に、気にしなければものすごく気が楽だし、自由な感じになれるはず。「私は私で楽しくやる！」という感じのプラス思考でくよくよしないで生きていきたいんです。

でも、「プラス思考で生きたい！」と思っているのに、部下のちょっとした態度で「どうせ私なんか邪険にされる存在でしょ！」とマイナス思考に陥ってしまいます。

マイナス思考になってしまうと、目の前のことへの集中力がなくなってしまいます。水を飲みたくなったり、トイレに行きたくなったり、立ったり座ったりを繰り返し、さらには「だから、仕事ができないんだ！」とまたまたマイナス思考が止まらなくなるんです。

こんな落ち着きがなく、仕事ができない自分だから、部下から馬鹿にされて当然だし、自分がやる仕事なんか誰にも認めてもらえるわけがない、と考えちゃいます。そして「何をやってもうまくいくわけがない！」と投げやりになって、簡単でうまくいくはずのことでも「ちっとも進まない！」となって周りに迷惑をかけ、「ますます馬鹿にされる〜！」とマイナス思考から抜け出せないんです。

第一のメソッド 「自己犠牲」の習慣から抜け出す

「どうせ……」とか「うまくいくわけがない」とマイナス思考になってしまう人は「自己犠牲タイプ」だったりします。

前にも書きましたが、緊張が高い家庭で、両親や嫁姑の仲が悪かったりすると「自分が駄目な子になって負の注目を集めることで、家族間の葛藤を丸く収めよう」ということをしてしまう子どもがいます。

自分が「駄目な子」になって両親から問題視されることで、他の家族の憎しみを一手に引き受けて、家族のバランスを無意識に保とうとしてしまうのです。こんな「自己犠牲タイプ」は、「自分が駄目でいれば周りがうまくいく」というマイナス思考で、ますますダメ人間を演じてしまいます。

やがてそれが習慣になってしまって、新しい環境に入っても自動的にマイナス思考で、負の感情を一手に引き受けてみんなを幸せにしよう、となってしまうんです。

でもこれは単なる習慣なので、そこから抜け出すのは簡単です。

「どうせ……」とか「うまくいくわけがない」とマイナス思考が浮かんだら、「あ！自分は自己犠牲タイプだからマイナス思考になるんだ！」と気づいてあげるだけで変わってきます。

「自己犠牲タイプなんだ！」と気づいてあげると「なんでこいつらのために犠牲にならなきゃいけないの！」と、周りの人たちの負の感情を請け負うのが馬鹿らしくなってきます。

マイナス思考で自分を貶《おとし》めて、みんなの負の感情を引き受けたって、誰からも感謝されないし、それで誰も幸せになっていないことにちゃんと気づけちゃうんです。

同様に、「落ち着きがなくて仕事ができない！」という考えが浮かんだら、「自己犠牲タイプだからこんなことを考えちゃうんだ！」と気づいてあげると、「なんでそこまでこの会社のために真面目にならんとアカンねん！」と自分への〝突っ込み〟が湧いてきて、知らず知らずのうちにプラス思考になっていきます。

「そんなに真剣にやる必要はないかも！」とか**「仕事なんか適当でいいじゃん！」**と力が抜けて、みんなの負の感情を背負うマイナス思考から解き放たれて、自由にプラスに考えられるようになるんです。

力が抜けて、仕事がスイスイ進むようになると、「あ！　本当に自分は周りの負の感情を引き受けてマイナス思考になっていたんだな」とあらためて心の底から実感できることが周りで起きるようになります。ただ気がついてあげるだけで。

第二のメソッド　「よくやっている」という言葉でプラスに転換する

マイナス思考は単なる「習慣」だから、「プラス思考の習慣」に変えちゃえばいいんです。

右利きの人が左手で箸を持って食事をする訓練をすると、ある程度、器用に左手の箸でも食事ができるようになるように、意識的にプラス思考に変える訓練をします。

「同僚から馬鹿にされている」と浮かんでしまったら「同僚が私に甘えている」とプラスに変えてしまいます。

自分のことを「落ち着きがない」とマイナスに考えだしたら、「動きながらアイディアを練っている」とプラスに転換しちゃいます。

「ちっとも仕事が進まない！」と浮かんできたら、「慎重に仕事を進めている」というようにプラスに変えてみるんです。

始めのうちは、うまくプラスに変換できなくても、右利きの人がいきなり左手で箸を使えないのと同じで、「最初は下手くそなのは当たり前！」とプラスに受け止めちゃいます。

「ちっともプラスに変えられない！　どうせこんなことをやってもうまくいくはずがない！」と思ったら「下手くそなのを繰り返しているとだんだんうまくなってプラスに変わっていくかも！」と考えを変えてみるんです。

「プラスに考えるのが面倒臭い！」という人は**「よくやっている！」**だけでいいです。

「部下に嫌われているかも！」とマイナス思考が浮かんでも、「よくやっている！」と言ってみると「こんな駄目な部下を従えて本当によくやっているよな！」と意外とポジティブな考えが自動的に浮かんできます。

「仕事がうまくいくような気がしない！」と思っても、そんな場面で「よくやっている！」と言ってしまうと、「これだけ仕事を無茶ぶりされても、自分は確かによくやっているよ！」と自動的にポジティブな思考が湧いてくるようになるんです。

「よくやっている！」は便利で、プラス思考の矯正が簡単にできるマジックワードのひとつです。

6 仕事で同じミスを繰り返してしまう

ケース6

◆仕事で同じミスをして叱られたくない。でも、なぜか同じミスを繰り返してしまう

ちゃんと書類をチェックしたはずなのに、書き漏れがあったり、ハンコの押し忘れがあって、上司から「ちゃんと確認しながらやってください！　って、いつも言ってるでしょ！」と怒られて、ものすごく惨めな気持ちになります。気をつけてやっているつもりなのに、肝心なところでミスをして怒られてしまいます。

本当は書類を完成させた後に、もう一度ちゃんと見直して「抜けている所はな

いかな?」とチェックをして、自分でミスを見つけて学習したいんです。

自分でミスを見つけられたら仕事に自信もつくはずだし、どんどん仕事のペースだって早くなるはずなんです。ミスがどんどん減って「見直さなくても完璧に仕事ができるようになっている!」という方向に進んでいきたいんです。

でも、上司から「早くやってくれ!」と催促をされている感じになって、「時間がない!」と焦ってしまいます。焦っていると仕事が早くなるどころかどんどん遅くなって、本当に時間がなくなってしまって、「チェックする余裕なんてない!」となるんです。

書類を出す前から「あ! また同じことで怒られる!」とわかっているのですが、頭がボーッとしてしまって「もういいや!」と投げやりになり、ふてくされた態度になってしまいます。

「どうせまた同じことで怒られるよ!」とか「また上司は同じことを言ってるよ!」とか、「早く終わってくれないかな!」などと、ものすごく嫌な感じの自分になっているのはわかっているのですが、それがやめられません。

怒られてからも、また同じことをやるんだろうな、と思いながらいると、やっぱりこれまでのように、「また同じミスをしちゃったよ！」と繰り返してしまうんです。

第一のメソッド 自分は「英雄タイプ」と気づいてあげる

同じミスを繰り返す人は、幼少期に「親から守ってもらえなかった！」ということで、「自分が英雄になってみんなを守らなければ！」と思ってしまう「英雄タイプ」だったりします。

英雄タイプは「みんなを守らなければ」という責任感で、いつも人の気持ちを考えてしまいます。相手が不快な感情を持っていたら、「自分が何とかしてあげなければ！」と思って、人の不快な感情の責任を、英雄だからみんな自分で引き取ろうとしてしまうんです。

自分の感情だけでも揺さぶられると疲れてしまうのに、人の感情まで請け負ってしまったら疲れ切ってしまうのは当然です。脳が疲れ切った状態で仕事をするから、

「またミスしちゃった！」となるんです。

そして「英雄タイプ」にはもう一つの面白い特徴があります。それは「英雄だから完璧だ」という思い込みです。

英雄タイプは、人の気持ちを考えたときに英雄に変身し、「英雄は完璧！」となるので、自分の仕事でも「チェックの必要がない！」と書類を確認しないでそのままポンと提出しちゃうんです。これもミスが多い原因になります。

そこで**「またミスをしちゃって怒られるかも？」と不安になったら、「あ！　私は英雄タイプだからミスをしていたんだ！」と気がついてあげるだけでOKです。**

「英雄タイプ」なんだ、と気づいてあげるだけで「自分は人間」という自覚が持てて、「人間だから失敗もするよね」と、ちゃんと自分が作成した書類や資料をもう一度確認したくなるんです。

確認して「お〜！　よかったミスが見つかって！」となれば、「どんどん学習して職能が上がっていく！」となります。

そして「上司が不機嫌かもしれない！」とか「同僚が自分のことを嫌っているかも？」と不安になって仕事に集中できなくなったときも、「自分は英雄タイプだからね」と気づいてあげると、「英雄」に変身することなく、**「人のことはどうでもいいか！」**と自分の目の前の仕事に集中できるようになります。だから「ミスがない！」となるから、仕事がどんどん面白くなるんです。

第二のメソッド 呼吸に注意を向けて「今」の自分に集中する

「あ！　上司にせかされているかも！」とか「同僚から怒られちゃうかも？」と思っているときって、他人の気持ちばかり考えているから「自分の呼吸」を忘れちゃってるんです。

息をちゃんと吸っていなかったり、逆に息をちゃんと吐けなくなっていて「脳を働かせるために必要な空気の循環がうまくいかない！」という状態になったりします。体の中で適切に空気の循環ができず、頭がうまく回らなくなって「注意散漫状態」に陥ってしまうんです。

だから**「焦ってきた！」というときは、自分の呼吸に注意を向けてみます。**呼吸に注意を向けると、しだいにゆっくり呼吸ができるようになって気持ちが落ち着いてきて、「あ！　集中して仕事ができるようになっている！」となります。
「またミスして上司に怒られるかも！」なんて考え始めちゃったら、「呼吸に注意を向けよう！」とすれば、「また集中できるようになった！」となるのは大変興味深いことです。

呼吸に注目すると、身体の空気の循環がよくなって頭が働くだけじゃなくて、**「今ここで自分がやるべきこと！」**に気持ちを戻すことができるんです。

つまり、「怒られている場面」って未来のことだったり、過去を振り返ってのことだったりするので、「今」のことじゃなくなってしまうからです。

「ミスをしたら上司がどう思うか？」とか「上司から怒られているのをみんなが見たらどう思うだろう？」と人の気持ちばかり考えてしまうと、先ほどの「今」という時間軸が未来と過去の影響でぶれてしまい、さらに「自分」という軸も上司と同僚の気持ちを考えることでぶれてしまうんです。

ところが、「呼吸に注意を向ける」と、今の自分に戻ることができるから、「今、自分がやるべきこと」に集中でき、結果「ミスがない！」となっていくんです。

なお、呼吸に注意を向けるときは鼻呼吸がポイントです。

7 細かいことが気になる

ケース7

◆細かいことは気にせず、おおらかに振る舞いたい。でも、細かいことが気になって仕方がない

「○○さん、企画書のチェックをお願いできますか?」と部下から言われて、「お前! 会社では、名前だけじゃなくて上司には役職を付けて呼ぶもんだろ!」と心の中でイライラしちゃって、部下の話がちゃんと聞けなくなります。

他にも、書類の提出の仕方とか、残業時間の付け方など、細かいことが気になって仕方がないんですが「こんなことを言ったら小さい人間に思われる」と口に出すことができません。

本当は、役職で呼ばれなくても「そうか！　お前も忙しいんだな」と大らかに相手を受け止めるような感じで接してあげれば、そのうちに部下もちゃんと尊敬してくれるようになって「〇〇課長！」となるだろうとは思うんです。

書類の提出の仕方や残業時間の付け方がなってない、と気になっても「ちゃんと働いていればそのうち学習していくから大丈夫！」と思って温かい目で見てあげられるようになりたいんです。

電車に乗っていても、目の前で座って足を組んでいる人の靴が、立っている自分のズボンに当たりそうになって気になりますが、「いけない、いけない。もっと大らかでいよう」と我慢します。

でも「我慢、我慢」と思っていると、突然、ブチ切れて「おい！」と電車の中でケンカを売ってしまいそうな自分がいてコワいんです。

会社でも、「大らかでいよう」と部下に笑顔で接しようと思うのですが、ちょっとしたことで顔が引きつってしまって、心の中で「お前！　調子に乗ってんじゃないよ！」と怒ってしまいます。

すると、さらに相手のネクタイの締め方やズボンの皺、そして臭いまで気になって、ますますイライラし、いつの間にか大らかに振る舞えなくなっている自分がいるんです。

第一のメソッド 「ダメ出し」地獄から自分を解放する

このように**細かいことが気になっちゃう人は「ダメ出しタイプ」だったりします。**

幼少期に親からほめられないと、「なんで他の子はほめられているのに自分はほめられないのだろう？」と考えるようになって、「自分のここがダメだからほめられないのかも」と自分のダメなところを考えるようになります。

そして「自分のここが駄目、あそこが駄目」と自分へのダメ出しが止まらなくなるのは、両親から「大切にされている」という感覚がちっとも得られないから。

自分へのダメ出しが止まらなくなると、今度は「なんで、あの子はあんなに駄目なのにみんなから大切にされるの！」と人に対してのダメ出しをするようになります。

「自分は自分にダメ出しをしていい子になろうとしているのにちっともみんなから大

切にされない。それなのにあの子はずるい！」という感じ。

自分にも他人にもダメ出しが止まらなくなると、イライラ感が相手に伝わってしまって、周りから「あの人嫌《いや》！」と敬遠されちゃいます。

幼少期に両親から愛されたいから自分にダメ出しをしていたのに、それでも周りから愛されなかったら、ダメ出しが暴走してしまい、その結果、愛されることを拒否するかのように、人にダメ出しをしていたんです。

幼少期の体験から、人が自分から離れていけばいくほどダメ出しがひどくなりますから、ますます人の心が自分から離れていき、「さびしい！」という気持ちから「ダメ出しが止まらない！」となってしまうんです。

「あ！　自分はダメ出しタイプなんだ」と気づいてあげることで「細かいことが気にならないかも！」となります。なぜなら、ダメ出しは人から愛されるためにしていた、ということを無意識で感じ取り、愛されるべき本来の姿に戻ることができるから。

「ダメ出しタイプなんだ」と気づいてあげたら、それは愛されるためにしてきたこと、と自分の心の奥底で腑に落ちて、「でも、もうそれは必要ないかも！」となって自然と明るく太陽のような大らかな人を演じることができるんです。

それが本来の自分だから。

第二のメソッド　気になったらその場で行動する

「気になったらその場で行動しちゃいましょう！」という対処方法です。役職を付けて呼ばれなかったら「次から○○課長って呼んでね！」とその場で口に出します。**「相手がどう思うかな？」とか考える前に伝える訓練をしていきます。**すると「言えない！」というストレスが脳に溜まらなくなります。

ストレスが溜まると、脳がどんどん過活動を起こして感覚が敏感になるために、「細かいことが気になる！」となります。「その場で口に出す！」を実行してストレスが溜まらないと、「あれ？　細かいことが気にならなくなっている！」となります。

電車で目の前の人が足を組んでいたら、「その場で行動しちゃいましょ！」というわけで「ほかの場所に移動しちゃおう！」でいいのです。するとストレスが溜まらず、「この野郎～！」と相手を破壊したいような怒りは湧いてこなくなり、「大らかになったかも～！」と新しい自分を味わえるようになります。

後輩のネクタイの締め方が気になったら、そのことをその場で口にすると、口にすることと自体がそんなに大したことではないことのように思えて、自然と大らかさが増してくるんです。

その際に、「そのネクタイの締め方は間違っている！」じゃなくて「私が気になる」という言い方だったら、素直に相手に伝えやすくなります。

だから「その書類の出し方は間違っている！」じゃなくて、「私はその書類の出し方が気になるから、このやり方で出してもらえる？」と伝えちゃいます。

「その場で行動しちゃいましょ！」を実践していくと、始めのうちは「こんなに相手にいろんなことをばんばん言っても大丈夫なのかな？」と気になるかもしれませんが、だんだん「あれ？　相手に言いたいことが少なくなってきた！」となり、やがて相手のことを考えるのも面倒臭くなって、もっと大らかになっていけるのです。

8 自分の進みたい方向に進めない

ケース8

◆自分が本当にやりたいことができる道に進みたい。でも、決断できないで現状に甘んじてしまう

役職にはついたけれど、仕事ができない部下の尻ぬぐいばかりで、やっていることは、会社の歯車として毎日同じことを繰り返すだけです。

大きな目標をクリアした、という達成感も得られないし、チームで何かをしている、という一体感もない。「なんで自分ばっかりこんな仕事をしなきゃいけないんだよ！」という気持ちになってしまうんです。

いつも部下の尻ぬぐいに追われているので部署の仕事の効率が悪く、会社から最低な評価をされてしまい年収を下げられてしまいました。

こんなに一生懸命、使えない部下のサポートをしているのに、会社はそれをちっとも考慮してくれないと思ったら、「こんな会社にいるのは嫌だ！」と辞めたくなってしまうんです。

そんなとき、会社を辞めて独立した先輩から声をかけられ、「形あるものをいっしょにつくろうよ！」と熱く語ってもらいました。自分としても、人のお世話ばかりやっていて、何も自分のやりたいことができない、という会社にさっさと見切りをつけて、先輩の会社で思い通りの仕事をやりたい！　と思うんです。

たった一度きりの人生、できない人の尻ぬぐいばかりして終わるんじゃなくて、優秀な人たちといっしょにお互いをサポートしあいながら、チームでいい仕事をして、誇れる形のあるものを残したいと思うんです。

でも、「転職して誘ってくれた先輩と気が合わなかったらどうしよう？」と不安になります。将来、折り合いが悪くなったら、その後の転職先がなくなってしまう、とまで考えて気持ちが萎《な》えてしまいます。

それに、「転職先で期待された能力が発揮できなかったら？」と不安になって、「やっぱり自分には無理かも？」と思ってしまうんです。

今の職場では、それほど自分の知識や技術を期待されていないから、「かえって今の方がラクなのでは？」と迷ってしまいます。また転職してバリバリ働ける気力と体力が自分にあるのかな？」と不安になって、「やっぱり無理かもしれない！」と断りたくなってしまうんです。

さらに、「部下たちを見捨てた」と会社から悪く思われて、業界に悪いうわさを流され、どこにも雇ってもらえなくなることまで心配してしまいます。結局、できない部下の顔を見ながら苦痛な毎日を過ごすことになるんです。

第一のメソッド　「自己犠牲タイプ」を転換して嫉妬されることをやってみる

気がついたら「会社の歯車になっていた」というのは「自己犠牲タイプ」になります。

「本当はやりたいことがある」のに「自分さえ我慢すれば」という感じで本当にやりたいことをやらないで、やりたくないことを続けてしまいます。

やりたくないことをやっているから、能力なんか発揮できるわけがなく、余計に「どうせ自分なんかがやってもダメだ！」という具合にやりたいことを諦めてしまいます。

この「自己犠牲タイプ」は、「緊張度が高い家庭で育って、家族の負の感情を自分が受け持って犠牲になることでバランスを取っている」と前に書きましたが、もう一つの〝トリック〟があります。

緊張度の高い家族は、それぞれの脳が怒りで帯電しています。だから、ちょっとでも子どもがやりたいことをやっていたり、優れた行動をすると、喜ぶどころか、「ずるい！」と嫉妬の発作を起こしてしまいます。

嫉妬の発作が起きたときは、顔が能面のような冷たい顔になります。子どもは「喜んでもらえると思ったのに、冷たい目で見られた！」とショックを受け**「自分が成功しちゃいけないんだ！」という学習をします。**

やりたくないことをやっていると家族は構ってくれるけれど、やりたいことをやると能面のように冷たい顔になるのですから、「やりたくないことをやる」という条件付けができてしまい、いつの間にか「自己犠牲タイプ」になってしまうんです。

「自分がやりたいことをやったら嫉妬されて冷たい目で見られる」のは恐怖です。だから「やりたいことがやれない！」となって、いつの間にかみんなの犠牲になっているんです。

この仕組みに気がついた「自己犠牲タイプ」の人は、一八〇度転換することで、**「嫉妬されるようなことをやってみたい！」**となります。なぜなら、これまで嫉妬を恐れて自分のやりたいことができずに、みんなの負の感情を請け負って不自由に生きてきたわけですから。

嫉妬されるようなことをやれば、他人の負の感情を請け負わなくていい、ということに無意識のうちに気がついて、「人から嫉妬されるようなことがやりたい！」と嫉妬を恐れなくなるんです。

すると自動的に自分が進みたい方向が見えてきて、そこに向かって突き進むことができるようになるんです。

第二のメソッド 「死ぬまでにしてみたいこと」のリストをつくる

今の仕事のことも転職のことも、一切、頭から捨て去って、「死ぬまで（ｏｒ定年まで）にしてみたい10のことのリスト（バケットリスト。BucketList）」をつくってみます。

たとえば、「①スカイダイビング」とか、「②富士山登頂」、「③タージ・マハルの前でカップルで写真を撮る」などです。

それを書いてみて、「あ！　仕事関連のことが一切入っていない！」となっていたら、「今の仕事でもいいのかも！」と思えるようになります。

そのリストの中に「巨大プロジェクトをチームで完成させる！」なんていうのが入っていたら「本当に転職がしたいのかも！」となって転職にもっと積極的になれたりするんです。

「死ぬまでにしてみたい……」なんて縁起でもないことは考えたくない、と日本ではこの「バケットリスト」が敬遠される傾向があります。

でも、人の一生の時間は限られています。その中でも「やりたいことができる時間」って本当にわずかなんです。多くの人が「やりたいこともできずに終わってしまった！」ということに気がつきもしないで、人生の終盤を迎えてしまいます。

バケットリストを一度書いてみると「限られた時間」というものを実感でき、「いつでもできるさ！」と自分の能力を出し惜しみするような気持ちがなくなり、目の前のチャンスを逃すことがなくなります。

また、してみたいことを達成して、リストを一つひとつ消していくのが楽しみになります。そして、達成していくうちに、本当に自分が求めているモノがちゃんと見えてきます。

第 2 章

ダメ男とばかり付き合ってしまうのはなぜ？

1 結婚に向かない相手ばかり選んでしまう

何度恋愛してもうまくいかない。こんなケースはとても多いんです。「なぜこんな人と付き合ってしまったんだろう?」「どうして自分の恋愛はいつも思うようにいかないんだろう?」と悩み、落ち込んだり、自暴自棄になっていく人は見ているほうも辛いもの。でも、そういう悪循環を生んでいる心理の悪いクセを取り払えば、嘘みたいに恋愛がうまくいくケースもたくさんあります。解決法さえわかれば大丈夫、あなたの人生、絶対に変わりますから。

ケース1

◆家庭的で頼れる人と付き合いたい。でも、結婚に向かない相手ばかり選んでしまうちゃんと私の話を聞いてくれて、どんなときでも私のことを尊重してくれて、大切にしてくれる人とお付き合いして、いっしょに温かい家庭をつくりたいんです。

心配事があったら、お互いに正直に打ち明けて、話をしたり、聞いたりするだけで安心感に包まれるような、そして「自分のままでいいんだ」と感じられるような人がいいんです。

相手の顔色なんか気にしないで、気を使わないでいられる人。相手が「何をしているんだろう?」なんて詮索する必要がなく、心の底から信頼できる人をパートナーに欲しいんです。

でも、付き合うまでは「この人、いいかもしれない」と思ってものすごく魅力的に思えていたのですが、いざ付き合ってみたら「横暴で人の話も聞けないし、ちっとも私のことを尊重してくれない」人ばかり。

「あ! この人は気前がいいかも! 私を大切にしてくれるかも!」と思っていたら、借金だらけで、お金の計画性がないダメな人だった、ということに後になって気がつきます。

「自分よりもちゃんとしている人かも！」と思って付き合ったら、「あれ？　会話がかみ合わない！」という感じ。こちらから何か不満を言っても言葉で反論することができなくて、「切れる」か「黙る」になってしまい、「ちっとも話し合って信頼関係を深めることができない！」という相手だったりするんです。

最初のうちは「この人しかいない！」と思うぐらい夢中になるのですが、だんだんメッキがはがれてきて、「お前もか！」という感じで同じことを繰り返してしまいます。だから、どんどんストレスが溜まる一方なんです。

第一のメソッド　自分が家族の「犠牲」になってきたことに気づく

家庭的で頼れる人と付き合えない、という人は「自己犠牲タイプ」だったりします。

自分が問題を起こすことで家族の注目を集め、仲が悪い家族間の絆を何とか壊さないようにバランスを保ってきたのです。そんな子が成長して、「幸せになれない！」ということを繰り返すことで、年老いた両親や兄弟間の仲を保とうとしてしまうんです。

離婚してしまったり、片親と死別してしまった場合でも、「母親の精神のバランスを保つため」にと自動的に問題がある相手を選んでしまって、「付き合っていてもちっとも幸せになれない！」という状況をつくり出してしまいます。

なぜこんなことをするかというと、こうして、自分が恋人関係などで問題を生じさせることで母親の注意を自分に向かせ、母親が自身の不幸を直視して絶望しないようにさせているんです。

自分では「家庭的で頼れる人と付き合いたい」と思っていますが、そのような人と付き合ってしまったら、親が自分の不幸と向き合わなければならなくなり、「親が大変なことになってしまう」という感覚が自動的に働いちゃうから、「問題のある人としか付き合えない！」となってしまうんです。

でも、**「これまでは自分が問題を起こすことで家族を支えてきたんだ」ということに気がつくだけで付き合う相手が変わってきます。**

そのことを認めてしまえば「もう自分が犠牲になって、家族を支える必要がない」ことがわかるからです。

いつのまにか、自分が本当に求めていた家庭的で頼れるパートナーを選ぶことができて、「あ！　自分はこれまでずっと家族の犠牲になることを演じてきたんだ！」ということを改めて認識できるんです。

第二のメソッド　「外見」や「ときめき」より「出会い」を大切にする

「美しい花には棘《とげ》がある」という言葉がありますが、「この人、素敵！」と恋をするのって「この花、きれい！」という気持ちと同じなのかもしれません。観賞用ではなく、「家庭的で頼れる」といった観点で相手を探すなら、料理で言えば見栄えよりも味や食感が大事になります。

そこで対処法としては、**「外見」や「ときめき」の度合いを基準にするのではなく、とりあえず「出会い」を大切にしてお付き合いしてみます。**別に高級なフレンチ料理や懐石料理をつくりたいわけではなく、目指すのは「家庭料理」なのですから、素材に吟味に吟味を重ねる必要はないのかもしれません。

家庭料理だったら、スーパーで出会った食材で「この材料は何の料理にしたら美味しいかしら?」という感じで選ぶはず。「ここがダメ!」とか「あそこがダメ!」とダメ出しをしていたら、いつまでたっても買い物が終わらなくなってしまいます。

だから **「この人、ここがすごいかも!」** とか「あそこがすごいかも!」ととりあえずいいところを探し出し、相手を尊敬して好きになってみます。

いろんな「食材」を「ここがすごいかも!」と尊敬して使ってみると、いつの間にか「これだったらいい家庭料理がつくれるかも知れない!」という一品に出会えます。

以前の私だったら選ばないような素材だけど、試してみて「すごい!」と尊敬しているうちに「いいかも!」と思えるのが、「家庭的で頼れる人」だったりするんです。

2 好きな人に告白できない

ケース2

◆好きな人に素直に気持ちを伝えお付き合いしたい。でも、好きでもない人と付き合ってしまう

「素敵だな」と思った人に、素直に「お付き合いされている方がいなければ、いっしょに食事にでも行きませんか?」と自分の思いを素直に伝えたいんです。

そして、相手と話をしているときに、いちいち「こんなことを言ったら嫌われちゃうかな?」とか考えたりしないで、自分の思っていることをストレートに伝えて、相手の気持ちを確かめて、真面目なお付き合いをしたいんです。

お付き合いを始めてから、もし自分が不安になったら、そんな不安も相手にス

トレートに伝えて、それをちゃんと受け止めてくれる素敵な人と関係を深めて幸せになりたいんです。

でも、「あ！　素敵だな」と思った人の前だと妙に緊張しちゃって、自分の思っていることが素直に言えなくなってしまいます。

「あの人は、他に好きな人がいるのかな？」とか、「自分なんか相手にされないかな？」なんて勝手に想像を巡らせ、まだ付き合ってもいない相手に、「なんでちゃんと私のことを見てくれないの！」と怒ったりしちゃいます。

そして勝手に絶望して、「どうせ私なんか」とやけになり、どうでもいい人と食事に行って、流されるままに付き合うことになってしまうんです。

「本当は、あなたと付き合いたいのに、あなたが私の気持ちを察して動いてくれなかったから、私はこんな好きでもない人と付き合うことになったじゃないの！」と、自分の気持ちを何も伝えていない相手に対して怒りを募らせることになるんです。

第一のメソッド 相手の気持ちより自分の気持ちを優先する

本当に好きな人に告白できなくて、好きでもない人と付き合ってしまう、という人は「世話焼きタイプ」だったりします。

子どもの頃に両親の仲が悪かったり、母親が悲しんでいることが多かったりすると、「相手の気持ちを考えて、相手のために何かをやってあげる」ということが習慣づいてしまいます。

いつも周りにいる人の気持ちを考えて、そして「相手のために自分が何をしてあげられるだろう？」と行動してしまいます。それが癖になってしまって「いつも相手の気持ちを優先してしまう！」という悪循環になってしまいます。

さらに「相手の気持ちを優先する」結果、好きでもない人に「好きです」と言われてしまうと、自動的に〝**困っている人を助けるモード**〟に入ってしまいますから、「ＹＥＳ！」と答えてしまい、あとから「本当はこの人じゃないのに！」と後悔します。

そして「自分が相手を捨ててしまったら相手が困るだろうな！」と考えてしまって、

相手の気持ちを優先するから、そこから抜け出せなくなり、「好きな人と付き合いたかったのに!」という後悔でいっぱいになってしまいます。

でも、こんな習慣は簡単に変えられます。

好きな人に対して、「私と付き合ったって面白くないに違いない」などと考え始めてしまったら、「あ! 私って人の気持ちを優先しちゃうお世話焼きタイプなんだ!」と気がついてあげるだけでOKです。

すると「相手の気持ちじゃなくて自分の気持ちを優先していいんだ!」という自由な感覚になって、「私はあなたのことが好きなんです!」とストレートに伝えることができちゃいます。

そうなんです!

これまで一生懸命に家族の気持ちを考えて、それを優先して頑張ってきても誰からも感謝されることがなかったし、みんなが幸せになることもありませんでした。相手の気持ちを考えて動けば動くほど、どんどん周りも自分も不幸な感覚になっていった。だとしたら、「世話なんか焼かなくていいのかも!」と考えればいいんです。

そして、〝世話焼き〟に気がついて、自分の気持ちを優先にしてみると、**「あ! 自**

分が幸せになるとみんなが幸せになるんだ！」ということが実感できるようになります。

「私は世話焼きだったんだ！」と気がつくだけで、本当に好きな人に素直に自分の気持ちが伝えられるようになるし、そして何よりも、相手も自分も不思議と幸せになれる面白い展開になるんです。

第二のメソッド 相手の気持ちを「検証」してみる

「思っていることを素直に伝えられない」というのは「もしかして相手はすでに私の気持ちをわかってくれているのかもしれない」という淡い期待があったりするからかもしれません。

もしかしたら相手も私のことを好きかもしれないとか、私の好きという気持ちが相手にはもう伝わっているのではないかと想像してしまいます。

そんな想像をしちゃうと「もし、そうじゃなかったら恥ずかしい！」ということから「素直な気持ちを伝えられない」となってしまうんです。

そこで対処法としては、**相手の気持ちが本当に私の想像した通りなのかどうかを「確かめてみる」**という方法を使います。

「私のことを好きでいてくれるかもしれない」と思ったら「私のような人は恋愛対象になりますか?」とズバリ聞いて確かめちゃいます。

自分一人で想像を巡らせていると「そうじゃなかったらどうしよう?」という恥ずかしさや、「なんで私の気持ちがわかってくれないの!」という怒りが膨らんでしまって、そのために自分の想いを伝えることがますます難しくなってしまいます。

そうなってしまう前に、**「私は恋愛対象になりえますか?」とストレートに検証しちゃうのです。**

もし返事がYESだったら、「私、お付き合いしたいです!」と告白します。

もしNOだったら、「どんな人とお付き合いしたいですか?」と相手の理想のパートナー像を聞き出すことで、きっぱり諦めることができたり、「もしかしたら、相手が理想とするパートナー像に近づけるかもしれない!」と前向きに努力することができたりします。

「自分が想像していることが正しいかどうかを検証してみよう!」と思って聞いてみ

ると、意外と素直にいろんなことが聞けて、そして、本当に好きな人と仲良くなることができるんです。

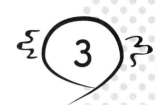

3 好きな相手なのに意地悪をしてしまう

ケース3

◆好意を持っている人には優しく接したい。でも、なぜか意地悪なことを言ってしまう

自分に好意を持ってくれる人を大切にしたい。相手のことを見下したり、逆に自分を卑下したりしないで、自分も相手も大切にすることで、二人いっしょに幸せになれるような気がするんです。

自分から逃げていく相手を一生懸命追いかけて、自分の方に気持ちを向かせようとしても時間の無駄だとわかっています。そうじゃなくて、自分の価値をわかってくれる相手と正面から向き合って、お互い認め合い尊敬しあって、自分自身を高めていきたいんです。

でも、優しくしてくれる人や、向こうから好意を持ってくれる人に対して、「気持ち悪っ！」と思ってしまって邪険に扱ってしまいます。「自分に好意を持ってくれる人はダサい人」と思ってしまって、「この人、気持ち悪い！」と相手を見下してしまうんです。

見下せば見下すほど、相手の言動が情けなく見えてしまい、「この人は私にはふさわしくない」となってしまいます。

そして、意地悪なことを言ってしまって「私、ひどいこと言っちゃったかも」と後悔するのですが、「でも、やっぱりあの人は気持ち悪い！」と自分にはもっと他にふさわしい相手がいるような気がして、目の前の好意を持ってくれる人を大切にできないんです。

この「好意を寄せてくれる相手にやさしくできない」というのは、緊張が高い家庭で育った「いい子ちゃんタイプ」の可能性があります。

両親の間に葛藤があって家庭の緊張が高いと、「両親から優しさをもらえない」となってしまいます。すると「いい子じゃないと愛されない」という感じになり、「い

い子」を演じるようになります。

でも、いくら「いい子」を演じても、緊張が高い両親からは優しさが感じられないので、「もっといい子にならないと愛されない」と考えてしまい、ますます真面目でいい子を演じるようになってしまうんです。

そうしているうちに「いい子」を演じ続けることが目的なのか、それとも「いい子」を演じることによって愛されることが目的なのか、本人もわからなくなってしまいます。

すると「自分を愛してくれない」相手に対して一生懸命に「いい子」を演じ、愛されようと頑張ります。

そして「自分を大切にしてくれる」相手に対しては「いい子」を演じる必要がないから、「いい子でいなくてもいい相手は私には必要ない！」と相手を遠ざけてしまうんです。

ですから**「自分に好意を寄せてくれる相手に優しくできない」ということがあったら、「あ！　私っていい子ちゃんタイプなんだ！」と気がつくだけでOKです。**

両親から気に入られるように振る舞う「いい子ちゃんタイプ」は、付き合う相手も

「両親基準」で選んでいるから、「いい子でない素のままの私を好きになってくれるような人は両親に気に入ってもらえない」となってしまうんです。

両親から愛してもらうために「いい子」を演じてきたわけですから、それを演じない私を好きになってくれる人なんか、「両親が相手にするわけがない!」と邪険にしていたわけです。

このことに気がついたら「両親を喜ばすためじゃなく、私基準で選ぼう!」という感じになります。

私基準で選んだら、**「私を好きになってくれる人って、結構ラクでいいかもしれない!」**と実感して、「いい子」を演じることを捨て、素のままの自分でいられるようになるんです。そして、素のままの素敵な自分で輝くことができるようになるんです。

第二のメソッド　相手を「私の本当の魅力がわかる深い人」と考えてみる

「自分を好きになってくれる人にはろくな人がいない」と思ってしまうのは、「自己肯定感(自分に「いいね!」が言える感覚)」が低い可能性があります。

いつも他人と自分を比べてしまって「ここが駄目！」とか「あそこがあの人よりも劣っている！」と自分にダメ出しばかりしていると、自分に対して「いいね！」が出せなくなります。

そんな自分に好意を持ってくれる人は「ダメな人！」となるから「気持ち悪い！」となるのですが、それは相手が気持ち悪いんじゃなくて、「こんな駄目な私を好きになるなんて気持ち悪い！」というのが本人の気がつかないところにあるんです。

そして、いったん「気持ち悪い！」という色眼鏡で見てしまうと、「この人の言動がすべて気持ち悪い！」となってしまうから、「私に寄ってくる人はろくな人がいない！」ということになってしまうんです。

そこで、**「私を好きになる人は、私の本当の価値がわかる奥深い人なのかもしれない！」と思って、興味を持って近づきます。**

「私の深い部分の魅力に引きつけられている人」に対しては、もう自分を演じる必要がなくなるから、素の自分でいられます。

もし、素のままの自分でいて去っていくような相手だったら、実は**「私の本当の価値をわかっていなかった人」**ということになりますし、去らなかったら「私の本当の価値をわかってくれる大切な人」となるはずなんです。

あなたの本当の魅力をわかってくれる相手なら、あなたが本音で付き合えば付き合うほど、あなたの魅力は引き出され、どんどん美しく輝いていくんです。

4 恋人や友達との時間を心から楽しめない

ケース4

◆恋人といる時間を楽しく過ごしたい。でも、「楽しい」と素直に表現できず、沈黙が多くなってしまう

仲良く楽しそうにしているカップルを見ていると「あんな風に楽しく恋人と時間を過ごせたらな～」と思うんです。

まだ若い今だからこそ、いっしょに楽しめることってたくさんあるはず。初めてのことに挑戦したり、これまで誰にも打ち明けたことがないことを打ち明けてドキドキしたりと、相手といっしょにいてときめいて輝いてみたいんです。

でも、「私は楽しいときでも素直に楽しめない」という妙な思い込みがあって「楽しい!」って素直に表現できません。

恋人や友達と盛り上がって楽しんでるときでも、「私が沈黙して、いつもぶち壊しちゃうんだよな」と思ってしまい、「やっぱり話すことなんかないや」と頭が働かなくなり、話題につまって沈黙が続きます。結局、「私は楽しい場面でも楽しむことができない」となってしまうんです。

「せっかく私を楽しませようとしてくれている相手に申し訳ない」と思えば思うほど、「自分には素直に楽しさを表現することなんか無理!」という感じになってふてくされた態度を取ってしまって、後になって「悪いことをしちゃったかも」と後悔しちゃうんです。

第一のメソッド 「お世話焼きタイプ」だったことを思い出す

「恋人や友達といっしょにいて楽しみたいんだけど楽しめない!」という人は「おせ

話焼きタイプ」だったりするんです。

「お世話焼きタイプ」の人は、緊張が高い家庭で育って、常に人の顔色をうかがって「自分が何とかしてみんなの緊張を鎮めなければ」と人のお世話をしてしまうのが習慣づいてしまっています。

ですから、パートナーと外出しても、自分が楽しむよりも、自動的に困っている人に目がいってしまいます。

そして「相手は退屈していないだろうか？」と考えて余計なお世話をしたり言ったりするから、「あれ？　場の空気がおかしいぞ！」となってしまうんです。

「お世話焼き」ですから、言動がまるで母親のようになってしまって、相手の方も「あれ？　なんだか母親といるみたい」という感じになり、相手も「楽しめない！」となってしまいます。

そりゃそうですよね！　デートのときの恋人の言動が母親と同じだった、となったら興ざめしてしまいます。そこで相手が不機嫌になったら、「なんで不機嫌になったんだろう？」とまた考えるから、余計なひと言でますます母親と子どもの関係のような感じになって「楽しめない！」となっていただけなんです。

でも、**自分は緊張度の高い家庭に育って「お世話焼きタイプ」で生きてきたんだ、と気がついてあげるだけで変わることができます。**

本来、楽しむべき場面で「周りの人のことが気になる」と思ったら「お世話焼きタイプだった」ということを思い出せば、「ここは家じゃないから世話を焼く必要がないんだ!」と周りの人に気を使わなくなります。

相手の気持ちが気になって「何とかしてあげたい!」と思ってしまったら「お世話焼きタイプだった」ことを思い出すと、「親子じゃないんだから! 私が楽しんでもいいんだ!」という気持ちになれるから不思議です。

そうなんです。「お世話焼きタイプだった」ということを認めちゃうと、「家でずっと苦しんでやってきたことをもう続ける必要がない!」と思えるようになるんです。

そして、相手に気を使わずに、逆に相手からお世話をしてもらって、自分自身が楽しんだときに、「あ! 自分が楽しむっていうのはこんなに素敵なことなんだ!」ということを確かめることができるようになるんです。

そうなんです! 「お世話焼き」をやっていたときは、ちっとも楽しめなくて、周りもどんどん不幸になっていったのですが、それに気がついて自然にやめてしまったときから、どんどん自分が幸せになります。しかもそれだけじゃなくて、**「あれ？自分が幸せになったら、私がお世話をしなくても周りもどんどん幸せになっている！」**ことを感じられるんです。

第二のメソッド 相手の前で「私は楽しい」を実感する

自分の本当にしたいことをしないで周りや相手に合わせていると、その場を心から楽しむことができなくなってしまいます。

人によって「楽しい！」を感じる場面が違います。たとえば、遊園地は楽しく感じないけど、そこに連れて行ってくれている相手の手前楽しまなければいけない、と思って「楽しい」を演じていると、どうしても演技の切れ目が出てきてしまいます。

そこで、「チ～ン！」と沈黙になって、楽しんでいない自分の本性が出てきてしまいます。

また「楽しい！」の表現の仕方も人それぞれで、「キャッピ～！」と表現する人もいれば「地味～！」に表現する人もいるんです。

そもそも、相手に気を使って「普通に楽しまなければ」と思って演じていると、自分の「楽しい」という感覚がわからなくなってしまいます。

ですから、**まず、「自分が楽しい」と思うことを相手に正直に伝えてみること。**そのときに「相手がこれを楽しんでいるだろうか？」と気を使わないで、相手といっしょにいて「私は楽しい」ということを実感することが大切になります。

要するに、演じない素のままの自分の「楽しい」を素直に相手の前で感じられることを何度か繰り返すと、「演じないで楽しんでいいんだ！」というのがちゃんと自分の中に腑《ふ》に落ちてきます。

すると、だんだんと「いっしょにいて何をしても楽しめるようになってきたかも！」と実感できるようになります。

周りの人の真似をしたり、演じたりする方法もあるのですが、それだと演技の限界がきてしまいます。それより、**素のままの自分の「楽しい」を相手の前で感じられる訓練**をして、それを広げていくことで「いっしょに何をしても楽しい！」と素直に楽しめるように変化していくんです。

5

相談ごとを言い出せない

ケース5

◆子どもや家庭のことで夫にもっと相談したい。でも、相談できずに問題を一人で背負い込んでしまう

子どもの教育のことや、夫婦の将来設計のことなどを夫ともっと相談したいんです。

自分一人だと「私だけで決めて大丈夫かな?」と不安になってしまいます。夫ときちんと相談して、そして「できるだけのことをやった」というのだったら、のちにどんな結果になっても、「あれだけ話し合ったんだからしょうがない」とあきらめることができるはず。その方が、子どもだってのびのび育つはず

だし、自分たちの将来の不安もなく楽しく過ごせるはずなんです。

それに、夫と話し合って決めたことだったら、自分も自信を持って行動することができるし、今よりももっと、いろんなことがうまくいくような気がするんです。

でも、子どものことで何か相談をしようと話しかけただけで、「え？」と嫌そうな顔をされてしまうと、「この人は仕事で疲れているから話を聞きたくないんだな」と思って相談することができなくなります。

ご近所のことなども、ちょっと話をしたら「家のことはきみに任せているんだから」と嫌な顔をされるし、こんな不機嫌なまま相談したって、こっちまでイライラしちゃってケンカになるのが目に見えています。だから、「じゃあいいや」と思って、自分一人で抱えていっぱいいっぱいになってしまいます。

もっと言いたいことが言えればと思うのですが、「こんな相手を選んでしまったのは私だし」と思って我慢するしかなくなってしまうんです。

第一のメソッド 「スーパーマン」をやめて自分の弱みを見せる

この**「相談事を言い出せない」という夕イプの人は、問題のある家庭で育った「スーパーマンタイプ」の人だったりします。**

たとえば母親が頼りなかったり、病弱であったりすると、「私が何とかしなきゃ！」と困っている母親を助ける、ということを子どもはします。

困っている母親を助けることで自分が母親から愛される、という幻想を持ってそれをするのです。でも、いくら助けても一向に母親から優しくされないので「まだ足りない！」と助け続けます。

そのうちに外でも常に**「困っている人を助ける！」**というスーパーマン的なことをしてしまうようになるんです。

そんな女性と結婚した夫は、「自分がやるよりも妻に任せた方が確実！」と判断し、家のことに一切かかわらなくなってしまいます。そりゃそうですよね！　相手はスーパーウーマンですから。

困っている人がいたら助けずにはいられないし、それを完璧にやろう、と一生懸命になりますから、夫は「自分が入っていく隙間がない！」と思うようになって、それがともすれば、「あんた、全部自分でできるだろ！」という邪険な態度になってしまうんです。

もう一つのスーパーマンのデメリットは、始めのうちは「すご～い！　助けてくれてありがとう！」と感謝されますが、人間ってすぐに「慣れ」が生じますから、すぐ

に「助けてもらって当然！」となり、そのうちに「なんでもっと助けてくれないの！」という態度をとるようになるんです。

一生懸命に相手を助けても愛情が返ってこないのは、ここに原因があります。一生懸命にやればやるほど、相手に慣れが生じて、「当たり前のことをやっているのにあんたは何を求めているの？」という感じになってしまうんです。

「あ！　自分は家族から愛されるためにスーパーマンをやってしまっていたんだ！」ということに気がついたら、自然とスーパーマンをやめることができちゃいます。

だって、自分が求めているのは相手との対等な関係で、相手といっしょに共同作業をして一体感を得ることだったはず。スーパーマンをやっていたら、そんな一体感はいつまでたっても得られるわけがないんです。

スーパーマンをやめたら、「私は自信がないんだ」、「私は不安なんだ」とちゃんと自分の弱みを素直に相手に伝えることができるようになります。

すると、「あ！　夫が助けてくれるようになった」となり、助けてもらったときの心地よさがたまらないことに気づきます。

スーパーマンをやっていたときは「弱みを見せたら捨てられちゃう」と思って弱み

を出すことができなかったけど、それができるようになると、**「相手に頼って任せるってこんなに心地がいいことなんだ!」**ということに気づくのです。

自信をもって笑顔で一生懸命にやってくれる夫に対するあなたの尊敬のまなざしは、ますます夫を力強く頼りがいのある存在へと変えていきます。

その大きな背中を見ながら、「私の求めていたものはこれなんだ」とフッと温かい気持ちになれるんです。

第二のメソッド 相手をほめて「防衛本能」を解除してから相談する

自分一人で子どものことや家庭のことを抱え込んでしまうと、「これで大丈夫だろうか?」という不安もありますが、同時に「なんで私ばっかり!」という「怒り」も溜まってしまいます。

その不安や怒りが「なんであんたは何も関わってくれないのよ!」と夫を責める気持ちになって、それは言葉にしなくても相手に伝わってしまいます。

夫の方にも「子どもや家のことを任せっきりで申し訳ない」という罪悪感があるん

ですが、妻の怒りが伝わってくると、「申し訳ない」という気持ちが素直に表現できなくなるんです。そして「俺だって仕事で忙しいんだ！」と自動的に自分を守る姿勢になり、「話にならない！」状態になります。

この「自動的に自分を守る」というのは動物的な「防衛本能」です。「責められる！」と思ったら、自動的に「守らなきゃ！」となって次は「攻撃的になる」という面倒臭いメカニズムなんです。

相手にはこの防衛本能があるから、「あ！　話をしても無駄なんだ！」とあきらめて、自分一人で抱えることになります。

そこで有益な夫婦間の話し合いの時間を持つために、「相手の防衛本能を崩しちゃおう！」という方法を使います。

防衛本能を崩すには**「ほめる」**がとっても使えるんです。

「いつもあなたには感謝しています！　ありがとう！」という感じでほめると、「え？」と戸惑いながらも、防衛本能のガードが下がります。

「あなたは勉強ができたから、子どもの進学のことを相談したいと思っているんだけど」とほめながら相談をすると、「お！　そうか!?」と相談に乗ってくれるようになります。

もう一つのコツは、自分がほめるだけじゃなくて、**自分以外の人がほめていたという形で相手をほめる**、という方法があります。

たとえば「息子があなたのことをとても尊敬しているみたい！」と言ってしまいます。するとたちまち防衛本能は消え去って、「お！　そうなのか？」と笑顔になって、「いくらでも相談して〜！」という状態になります。

「え？　子どもが尊敬してるって嘘をつくんですか？」と思われるかもしれません。いや、嘘ではありません。子どもは心のどこかで、親のことをちゃんと尊敬しているものですから、そこにライトを当てただけ。

応用編としては、「お母さん（姑）って本当にあなたのことを信頼しているわよね！　本当に素晴らしいお母さんよね！」と夫の母親をほめます。具体的なことを言わなければ、嘘をついていることにはなりません。

ほめようと思えば、自分以外の人間を使っていくらでもほめられます。むしろ、**自分以外の人間を使った方が効果は倍増**して、相手がもっと相談しやすいモードに切り替わります。

ほめてから相談するって、やってみると病みつきになりますよ。それに、相手からの答えも、より頼りがいのあるものになっていくんです。

6 ダメ男とばかり付き合ってしまう心理

不幸な自分が好きな「自己敗北性パーソナリティー」

ここでは、「自分がそっちへは行きたくないのに行ってしまう」典型例として、ダメ男と付き合ってしまう心理的メカニズムについて、もう少し詳しく見ていきたいと思います。

まず考えられるのが、**「自己敗北性パーソナリティー障害」**というのがあります。

この障害があると、「いい人が近くにいるのになんであんなヤツを選ぶかな?」と周りが理解不能の、最悪な人と付き合ってしまいます。

しかも、他の人が一生懸命によかれと思って**アドバイスをしても、大抵これを拒否**

します。「え～？　なんでアドバイスしたことをちっともやらないの？」ということになってしまうんです。

また、何かよいことがあっても、その後に必ずそれをぶち壊すようなことをします。さらに「そんなこと言わなきゃいいのに！」と相手を怒らすようなことをわざと口にして、ひどい目に遭わされるようなこともしてしまいます。

そして、この障害がある人は、「私には楽しいことはできない！」と思っていて、だから「楽しい！」ということを決して言わないんです。

また、他人のことや他人から頼まれたことになると「結構しっかりできるじゃん！」となるのですが、自分のことはまるでいい加減です。だから会社では仕事ができるのに、家の中はぐちゃぐちゃだったりするのです。

さらに、自分に優しくしてくれる人を「私なんか」と言って拒否しちゃいます。いつも自分を卑下し、犠牲にしているので、周りからみると、「あなたに見合ってないよね！」ということしかしないんです。

どうしてそうなってしまうのかというと、理由はいくつかあります。

一番わかりやすいのは、**「自分が惨めになって、自己犠牲を払って、相手に尽くす**

ことが愛！」と信じてしまっている可能性です。

〝♪母さんが夜なべをして手袋編んでくれた～〟という歌にあるように、たとえば徹夜をして相手に尽くすのが「本当の愛！」と思っているのです。

そして、「この愛が相手に伝わるはず！」、「相手がこの愛に気がついてくれる！ 認めてくれるに違いない！」と信じ、その行為を続けてしまいます。

そこで、自分が自己犠牲を払わなければいけないような駄目な相手をわざと選んで、この「自己犠牲の愛」を実践したくなってしまうんです。

「責任取って！」と相手を罪悪感でコントロールする

もう一つ、「いつもダメ男を選んでしまう」のは、わざと最低な相手を選んで自分がひどい目に遭わされ、「あんたはなんてひどいことをするんだ！」という罪悪感を相手に与え、そのことによって相手を支配しコントロールしようとする、という心理もあります。

「あんたは私をこんなに不幸にしたんだから、責任取って！」的な感じで相手の人生を支配するために被害者になるんです。

こんな人は、子どもの頃のいじめや虐待の経験によって、成功ではなくて、失敗、屈辱、不幸などによって満足を得るという習慣がついてしまった可能性が考えられます。

「いい人と付き合って幸せになる」という夢を抱いてそれが実現したときの喜びよりも、ダメ男と付き合って夢がぶち壊され、**「ほら! やっぱり私は不幸になった!」**と、自分の予測した不幸が現実になる満足を選択するようになってしまうんです。

さらに厄介なことに、自ら望んだ不幸で絶望、苦痛などを経験して満足を得るだけでなく、それを人に嘆くことで「相手に罪悪感を与えられるんだ」ということも学習します。こうして**自分の苦しみや責任を相手に負わせ、さらなる不幸をつくり出してしまうんです。**

人というのは誰しも他の人とのつながりや絆を求めています。ところが、その人とのつながりや絆を「自分が不幸になることで強めることができる」ということを知ってしまうと、それがやめられなくなってしまう人がいるんです。

「こんなに相手に苦しめられても私は耐え続けているんだから、私の愛が伝わっているに違いない!」と相手との絆をそこに感じてしまいます。さらに、「こんなに私を不幸にしたんだから、あなたは一生責任を感じて私から離れられなくなるんだ」となるのです。

確かに、自分の不幸を嘆くことで周りがその負担を担ってくれる、というのも人と人とのつながりです。でも、このタイプの人は、それ以外の人とのつながりを深める

方法を知りません。だから、自分が不幸でい続けないと誰ともつながることができなくなるという恐れから、当然、助けようとする人を拒絶するし、幸福になるためのアドバイスなんて絶対に聞くわけがないんです。

でも**「あ！　自分は不幸になることで人との絆を深めたいだけなんだ！」ということに気がついてしまうと、「楽しいことをやって絆を深める方法もあるかもしれない！」と、不幸をつくり出すことに執着しなくなるんです。**

周りもこうした心理に気がついて、その人の感じているダメ男との絆を無理やり引き離そうとしなくなれば、本人は逆に執着しなくなるので、「あ！　もっとましな相手がいるのかもしれない！」と自由な好ましい方向に転換することもあります。だから周りの理解がとっても大切なんです。

この男は私じゃないとだめだという「自己万能感」

幼い子どもは、自分は一人でなんでもできると思っていて、もしやりたいことをやらせてもらえないと、「なんでやらせてくれないの！　できるのに！」とダダをこねます。これを**「幼児的万能感」**と言います。

おもちゃ屋で「買って！　買って！　買って〜！」と手足をばたばたしてダダをこねている姿が幼児的万能感の典型で、「自分がダダをこねればなんでも思い通りになる！」と思っているんです。

成長と共にこの幼児的万能感は消えて、自分一人ではできないことがたくさんあることを学びます。でも、大人になってもこの万能感が消えない人がいるんです。

そんな人は、「あの人は私じゃないとダメなんです！」と、**まるで〝神〟のようにどんなことでも受け入れて、相手を変える力を持っていると思い込んでいます。**「私が何とかしなければ！」とばかりに、変えられるはずのないダメ男を「変えられる！」と信じ、挑戦したくなるのです。

ところが、人間の中には「影響を受けたら元に戻す」という「恒常性」のメカニズムがあります。周りの人から影響を受けるたびに人格がころころ変わったのでは「いったい自分は誰なんだ?・?・」と自分がわからなくなってしまいます。だから、必ず「元に戻る」という恒常性の機能が働くのです。

つまり、「私が何とかあの人をダメ男から変えてあげなければ！」と挑戦して、相手が一時的に「いい人」に変わったとしても、必ず「元のダメ男」に戻ろうとする力が働くのです。

ところが、この元に戻る際に、「いい人」とは真逆の「最悪な人」の人格が出てきます。なぜなら、「いい人」の方向に大きくブレた人格を「最悪の人」の人格で中和しようとするからです。

その結果、最悪の人格に「オリャ〜！」とばかりにひどいことをされ、痛い目にあってしまうんです。

でも、万能感を持っている人は、「この人にこんなにひどいことをさせてしまったのは私のせいなんです！」と責任を取ろうとします。

「変えよう」とした反発で「ひどい目に遭った」ということはわかっているのですが、そもそもダメ男でいさせていること自体が「私のせい」となって、やっぱり「私が何とかしてあげなければ！」と思って再び手を出します。そして、また前述のように「オリャ〜！」とひどい目にあうという悪循環になってしまいます。

しかも「万能感」を持っているから「私だったら何とかできるはず！」と他人からのアドバイスや助けを受け付けないので、どんどん最悪の状態になるんです。

「何とかしてあげなければ」とか「私じゃなければ」とか「私のせいで」などとちょっとでも思ったら、「あ! 私には万能感があるんだ!」と気づくことができます。

「万能感があるんだ!」ということに気がついたら、「私じゃなくても大丈夫なんだ!」ということにも気がつきます。そして「私がやらなくてもいいんだ!」とダメ男を簡単に手放すことができちゃうんです。

「万能感」と聞くととても手強そうに感じますが、「あ!」と気がつきさえすれば、「私は〝神〟じゃないんだから!」と簡単にダメ男を手放せて、自分を本当に幸せにしてくれるような相手を選べちゃうんです。

相手からの恩を何倍にもして返さないと気が済まない「算数障害」

ダメ男に引っかかっちゃう、という女性に**「人間関係の計算ができない」**という特徴を持った方が結構いらっしゃいます。

たとえば、隣家の人から、道でニッコリ挨拶をしてもらったら、「なんかお菓子でも買って持って行ってあげなきゃ悪い気がする!」というのがそれ。

相手の「挨拶」というサービス「1」に対して、こちらも同じ「挨拶」というサービス「1」で返せばいいものを、「お菓子」というサービス「10」で返さなければいけない、と勘違いしてしまうのです。

このように**人間関係の計算ができない「算数障害」**の問題を持った人は、「え？　お菓子を渡すのが当然でしょ！」とそのことを疑いもしません。

受け取る側からすれば、「1」のサービスでその何倍ものサービスをゲットできるのですから、こんなありがたいことはありません。

こんな関係を続けていると、やがて、相手は「それぐらいしてくれて当たり前だろ！」という態度になります。そして、「10」のサービスを受け取っても、「足りない！」と怒ったり、ふてくされたり、とおかしなことになってしまうんです。

まともな相手なら、「1」のサービスに「10」のサービスが返ってきたら、「普通じゃない！」、「この人、重いかも！」となって去っていきます。「10も返さなければいけないのは面倒臭い！」となって離れていくんです。

その結果、「相手からしてもらったことに対して適切に計算して返すことができない算数障害の問題児！」ばかりと付き合うことになります。こんな、常識がなくて、人の気持ちがわかっている振りはするけれど、「なんかずれているんだよな」という人たちにみごとに振り回されてしまうことになるんです。

逆に考えると、**「ちゃんと人間関係の算数ができるようになれば幸せになれる!」**ということになります。

相手に何かしてあげることばかりぐるぐる考えているようだったら、「あ! 私、算数障害の問題があるんだ!」と気がつきます。「〝彼氏に何を買ってあげよう〟とワクワクしながら考えるのが楽しい!」なんていう人も「アウト!」です。

「算数障害があるんだ!」と気がついたら、「サービスをし過ぎるからおかしくなるのよね」と冷静に判断できるようになり、ダメ男とは恋愛関係に発展しなくなります。何倍ものサービスをしなければ愛されない、という算数障害から解放されるからです。

こうして、自動的にその場その場で順当な計算ができるようになると、不思議にダメじゃない男性と次から次へと出会えるようになります。そして、「普通の人間関係ってこんなに気を使わなくて楽なんだ!」と安心した恋愛関係を楽しめるようになります。

もし目の前の相手に物足りなさを感じたら、「私は算数障害かも!」と思ってみるだけで、意外に「この人、結構いけてるかも！」と相手に対して納得できちゃうから不思議なんです。

第 3 章

「素直になれない」自分から抜け出す

1

「乗っ取りモード」で相手の心が丸見えになる

「痛い人」は性格的なものだから治らない？

私には、「肝心な場面で素直になれなくてことごとく損をしている！」というところがありました。

みんなと同じように素直になればいいのに！　と思うのですが、その場になると変な意地のようなものが働いてしまって素直になれません。なんだか、自分が素直になっていい思いをしたらダメなような気がしてしまうのです。

そして、後になって「あのとき、素直になっておけばよかった！」と後悔することがたくさん出てきてしまいます。

それと同じように、余計なことを言って自分の評判を下げるようなことをしてしまいます。そんなことを言わなければいいのに、と周りからも言われるのですが、とっさに自分を痛めつけるようなことを言ってしまう言葉が出てきてしまうんです。

「これって『天邪鬼《あまのじゃく》』とか『痛い人』と呼ばれる持って生まれた性格のようなものだから治らないんじゃないの？」とずっと思ってきました。

でも、その後、心理学の勉強を始めて、簡単に素直になれる方法を考えつきました。やってみると「痛い人」は性格的なものじゃなくて単なる習慣だったことに気がついて、「自然と素直になれて幸せ！」という感じに変わっていったのです。

ケース11

◆つい余計なひと言を言って、みんなから嫌われてしまう

会社の飲み会で、上司の課長に向かって、「課長って、ちゃんと部下の仕事を把握していないでしょ！」と言ってしまって、一瞬、課長の顔色が変わります。その場が凍りつき、「あ〜あ！　やっちゃった！」となります。

自分としては「課長に突っ込みを入れて場の空気を盛り上げよう！」というくらいのつもりだったのに、相手が真に受けちゃったんです。

課長が「お前はろくに仕事もできないくせに！」と怒り出し、こちらもカチンときて、「それこそ課長が私たち部下の仕事を把握していないからそんなことを言えるんじゃないですか！」となってしまいます。

同僚の女性社員から「ちゃんと場の空気を読まなきゃ」と言われるんですが、「そんなもの読んでいたら何にも喋れない！　みんなはただ黙って食べたり飲んだりするだけで、ちっとも場を盛り上げようと努力していないじゃないの！」と怒りすら感じるんです。

自分としては、盛り上げようとした努力の結果がいつもうまくいかないだけ。何とかしようとしているだけでもいいじゃない！　と思うのですが、どんどん悪者になって、自分が嫌われることでみんなが一致団結しているような構造になってしまうんです。

「面白いやつ！」と思われてみんなから好かれたいがためのひと言が、逆に、「場の空気を盛り下げる最低なやつ！」となってしまうんです。

相手の姿勢や動作を真似してみる

「面白いやつ！」とみんなから思われたいのに、そっちの方向に行けない、というときは「乗っ取りモード！」が役に立ちます。

〝乗っ取り〟というのは相手の脳の真似をして、先の例だと、たとえば上司の目線で周りを見ることができて、上司がどんなことを言って欲しいのかが手に取るようにわかる面白い方法です。

まずは相手に注目を向けて「乗っ取りモード！」と頭の中で叫びます。

あとは簡単です。相手のやることなすことを、表情も含めて真似するだけです。

人間の脳には、「相手の脳を真似する」という**ミラーニューロン**という細胞があります。その細胞は「相手の姿勢や動作を真似ることで活性化され、他のこともどんどん真似できちゃう！」という特徴があります。そうすることで、相手の考えていることが手に取るようにわかってくるんです。

先に例に挙げた「職場で好かれない」と悩んでいた女性は、カウンセリングで「乗っ取りモード！」を聞いて「え〜？　あんな気持ち悪い課長の真似をするんですか？」と嫌そうな顔をしましたが、「相手の思考が手に取るようにわかったら面白いでしょ！」とお伝えしたら「やってみます！」と試してくれることになりました。

再びの飲み会のとき、女性は上司の近くに座りました。みんな上司の近くに座りたくないから、女性は生贄《いけにえ》のような感じです。これでまた女性が痛いことを言ってしまって、上司から個人攻撃され、みんながそれを見て「あの子って痛いわね！」ということで終わるパターンでした。さて、それからどうなったのか、女性からの報告を紹介しましょう。

ケース1-2

◆嫌いな上司との関係を改善するには

さっそく上司を狙って、「乗っ取りモード！」と頭の中で叫んだところ、いつもは上司と違う飲み物を頼むのに「同じものを！」と自然に言えました。そして、姿勢を上司と同じようにして、上司と同じ順番で食べます。すると「お！　課長ってほめて欲しいんだ！」ということがわかったんです。次の瞬間に、「課長！　課長が作ったあのプロジェクトの流れってすごくよかったです！」と自然にほめることができました。

周りの同僚たちが「え？　何をおべっか使っているの？」と怪訝《けげん》な顔をしますが、「乗っ取りモード！」で上司の脳の真似をしているので、同僚に対しても「わかっていないな、キミたちは！」と上から目線で見られるんです。

上司が自慢げに話を始めても、上司の表情の真似をしているとほめて欲しいポイントが的確にわかります。だから「取引先との交渉がすごいですよね！」とこれまで思いつかなかったようなほめるポイントが頭に浮かんできます。

同僚たちも慌てて上司のことをほめるのですが、「う～ん！　惜しいな～！　いまいち課長のほめて欲しいポイントじゃないのよね～！」というのが手に取るようにわかるんです。

「課長のように〝相手の動きを待つ〟ってなかなかできないですよね！」と言えば、「お～！　よくわかっているね！」とうれしそうな表情で場もものすごく盛り上がって、仕事談義に花が咲きました。そのとき「そうそう！　私はこれがしたかったんだ！」という気持ちになったんです。

そして「乗っ取りモード」を続けていると、「あ！　課長って私にものすごく期待しているんだ！」というのがわかります。嫌われている、煙たがられている、と思い込んでいたのですが、「その反対だったんだ！」ということがわかりびっくり。

さらに課長が自分につらく当たっていたのは、自分をひいきしたら周りの子たちから嫉妬され、潰されるのを防ぐためにやっていたんだ！　ということまで見えてきてさらにびっくり。

そんなことがわかるようになったら、ますます上司のことを自然にほめて尊敬することができて、いつの間にか自分の理想の職場がそこにあったんです。

「乗っ取りモード」でミラーニューロンが活性化

いつもつい余計なことを言ってしまう相手に注目して、「乗っ取りモード！」と頭の中で叫びます。そして、**相手の姿勢、食べる順番、うなずき方などを真似ていきます。**
真似ると**ミラーニューロン**が活性化されて、「あ！　こんなことを感じていたんだ！」と相手の気持ちが手に取るようにわかってきて、相手の言って欲しいことが言えるようになります。

それを続けていると、いつの間にか自分が行きたい方向に進んでいて、求めていたものが手に入れられるようになるんです。

何度も「乗っ取りモード！」の練習をしていくと、相手の真似をしないでも、**頭の中で「乗っ取りモード！」と叫んだだけで相手の求めていることが手に取るようにわかるようになってきます。**回数をこなせばこなすほど、相手から伝わってくる精度が上がって楽しくなってくるんです。

ケース2

◆妻子とのコミュニケーションを取り戻す

家に帰ってくると妻から、「ねえ、あなた、ちゃんと子どものこれからのことを話し合ってくれない？」と不安そうな顔で言われると、「ちゃんと聞いてあげなきゃ！」とか「ここは真剣に妻と向き合ってあげなければいけないな」と思うのですが、つい「疲れているんだから、今度にしてくれないか！」と言ってしまいます。

妻の表情が曇って、「そんなに仕事、仕事って言うんだったら仕事と結婚すればよかったじゃない！」と怒りだし、家の雰囲気が悪くなります。子どももその雰囲気を察してか、部屋にこもってしまいゲーム三昧になります。

観たくもないテレビをだらだら観て時間が無駄に過ぎていきます。

本当は妻と子どもにちゃんと向き合って、楽しい家庭、温かい家庭を築きたい、と思っているのですが、「仕事が！」と逃げてしまって、ちっともその方向に向き合えない自分がいます。

それでも「仕事がひと段落ついたら」と思っているのですが、「いつまでたっても変わらないじゃない！」とますます妻が切れて家の雰囲気が最悪になり、それに比例して子どもも壊れて行ってしまうような気がするんです。

そこで、妻に注目して「乗っ取りモード！」と頭の中で叫んでみました。

妻の猫背気味の姿勢を真似てみると、妻の疲れが伝わってきて「あ〜！　自分だけが疲れているんじゃないんだな」ということがわかります。

そして、妻の手の仕草を真似していると、「妻はアドバイスが欲しいんじゃないんだ！」ということがわかったんです。

これまで妻に子どものことなどでアドバイスしても、どうのこうのと言って却下してしまうので、「妻に何を言っても無駄」とあきらめ、しだいに妻との会話がなくなってしまったことを思い出します。

でも「乗っ取りモード！」で妻の脳を真似てみると、「私は子どものこと、夫のことをいつも考えてよくやっている！」ということをほめて欲しいんだ！　ということがわかりました。

そこで「きみはいつも子どものことを真剣に考えてあげているよね！」と言ったら、妻は恥ずかしそうに「なにを今さらわかったようなことを言うのよ！」と答えます。

こうして「乗っ取りモード！」で妻の真似をしてみると、妻がほめて欲しいことが手に取るようにわかるので、「キッチンがきれいになったね！」、「この床を磨くのは大変だったよね！」などと言葉にして妻の反応を見ていると全て当たっています。「くだらないテレビを観ているよりも面白い！」となって妻との会話が楽しくなります。

すると、子どもが部屋から出てきて、興味深そうに夫婦の会話に参加してくるようになりました。「へー！　最近の子どもはユーチューバーになるのが夢なんだー！」なんて自分の時代では考えられなかったことを子どもから教えてもらえます。

妻といっしょにその動画を見ていると、「あ！　これが私の求めていた温かい家庭なんだな！」と、はじめて自分が行きたい方向へと進めていることに気がつくんです。

２ 手のひらに理想と現実の自分をイメージする

ケース3

◆本当に好きな人に告白できないタイプ

「あの人いいな〜！」とずっと思っていても、「どうせ私なんか告白しても好きでいてくれるわけがない」とか「告白したら迷惑がられてしまう！」なんてことを考えてしまって「告白しても無駄！」となり、いつまでも告白できないんです。

そして、どうでもいい男性から言い寄られると、「まあいいか！」と付き合ってしまうのですが、もう最悪。仕事で必要な資格を取るために勉強をする必要があるのに、ストレスなのか、ちっとも手につかないし、家の掃除もできません。

本当に好きな人に告白していたら、もっと日々の生活で輝いていられたかもしれないのに、好きでもない人と付き合っているから、どんどん自分の感覚が麻痺していって、やりたいことができなくなります。求めていた生活とは全く逆になってしまって、惨めで、そこから抜け出せないような気になってしまうんです。

両方の手のひらを使って理想の自分と現在の自分をイメージする

理想的な自分の姿と現在の自分がものすごく違っている場合は、「本来の自分の姿で生きていない！」という可能性があるんです。

そこで「本来の自分の姿を探ってみましょう！」ということで**「本当の自分で生きる」メソッド**を紹介しましょう。

机の上に両方の手のひらを上にして置きます。そして、右の手のひらに、好きな男性に思い切って告白をして、付き合って幸せそうにしている自分の姿をイメージします。

そのときに、どんなふうに自分が告白して、そのときの自分の表情はどんな感じかを確かめます。ものすごく幸せな安心した気分で、男性のあたたかい腕にしがみついているイメージが浮かんできます。

そして十分に確かめることができたら、今度は左の手のひらに、現在の好きでもない男性と付き合っている自分をイメージします。

その男性といっしょにいる自分はどんな話し方をしているのか、どんな表情をしているのか、どんな姿勢でいるのか、などを確かめてみます。うつむいて、無表情な自分。パートナーがそばにいても無理やり引っ張られていて自分の意志がない感覚。そんなイメージが湧いてきます。

これらを十分に確かめることができたら、**理想の自分の右の手のひらと、現在の自分の左の手ひらを正面でぴったり合わせ、指を組んで握り締めます。**

すると一つのイメージが浮かんできます。「あ！　今は私は誰とも付き合いたくないんだ！」ということがわかります。

一人で誰にも縛られなくて生き生きしている自分。そんな姿が浮かんできて、「え！　これが本来の私の姿なの？」とびっくりします。

「誰かに頼っていないといられない」とずっと思っていたのが違っていて、「一人でいた方が楽しい自分」が出てきたんです。

こうしたイメージトレーニングを続けていると、しばらくしたら、現在付き合っていた男性にちゃんと別れを切り出すことができるようになります。そして、これまでのようにまた元の関係に戻ったりせず、すっぱり本当に別れることができるのです。

そして、憧れの人に対しても変に意識することなく、「いい友達！」として楽しく付き合うことができて「あ！　私にはこの関係が最高！」となります。「友達」という距離感が自分には一番合っていることがわかってちょっと安心。そうしているうちに、その「友達」という距離感でOK、という新たな男性が現れてお付き合いができるようになり、「今までの男性とは全然違って足を引っ張られない！」という具合になるから興味深いんです。

「本当の自分」で生きるってこんなに楽なんだ、と生き生きしている女性の姿がそこにありました。

ケース4

◆積極的に仕事をしたいのに、どんどん後ろ向きになってしまう

営業職をやっているのですが、積極的にお客さんに関わって、そしてお客さんをトークで盛り上げ楽しくさせて成績を上げていきたい！　と思っているんです。

でも、実際はお客さんと話をしていると、否定的なことを言ってしまって場の空気を凍らせてしまうんです。

すぐにフォローすればいいのに、「悪く思われていたら嫌だな」とか「断られたらどうしよう」と躊躇して成り行きに任せてしまうので、結局お客さんに断られて成績がちっとも伸びないんです。

「本来の自分」のすごさに気づこう

この場合も前の例と同じように、机の上に手のひらを上にして置き、右の手のひらを意識しながら、お客さんを笑顔で盛り上げている自分の姿を想像していきます。

お客さんの問題点じゃなくて、お客さんの可能性に注目してお客さんを気持ちよくさせて、そして自分がお客さんをサポートできる点を的確に提示します。こうして自信を持って説明している自分の姿をイメージするのです。

今度は左の手のひらを意識して、現在の自分をイメージしてみます。お客さんの前で「ここが問題ですね」と否定的なことを言ってしまって、お客さんの顔を曇らせます。そして、フォローするどころか「それでは変わらないと思います」とさらにお客さんにダメ出しをするようなことを言ってしまって、もっと場の空気が悪くなっていく。でもそれがわかっているのにやめられない。そんな自分がそこにいます。どんどん苦しくなっていくイメージが湧いてきます。

そこで、右と左の手のひらを、自分の正面で合わせてみると、不思議と本来の姿が浮かんでくるんです。

光るような笑顔でお客さんの話に「うん！　うん！」と嬉しそうにうなずいているだけの自分。**場を盛り上げる、とか相手を持ち上げるとか全く意識していないで、「ただ笑顔でうなずくだけでいい」という境地に立っている自分。**

「お～！　これが本来の自分の姿なんだ！」と気づくことができます。

そして、実際に仕事の場でも、不思議とあの笑顔ができて、お客さんの言うことに「うん！　うん！」と満面の笑顔でうなずくことができます。

するとお客さんがこれまで話してくれなかったことまでどんどん話してくれるようになり、「お～！　お客さんはこんなことを望んでいたんだ！」と、これまでわからなかったことまでわかります。

そして、お客さんの方からこちらの仕事と関連する提案をしてきて、「あ！　自分は笑顔でうなずいていただけなのに仕事に結びついた！」という体験ができるんです。

こうしてこの男性は、**「本来の自分ってすごいんだ！」**と気づき、ただ笑顔でうなずいているだけで、成績がどんどん伸びていったんです。

3

相手の中心に自分の「照準を当てる」

自分の「楽しい」を取り戻すと相手との関係も改善する

「自分ばっかり楽しんだら相手に申し訳ない！」という気持ちのある人は、どうしても相手のことが気になって相手の「楽しい」を追ってしまうから、どんどんお互いにすれ違ってしまい、気まずい関係になってしまいます。

「相手の気持ち」を中心に意識すると、自分の気持ちの中心が相手の方向に歪められてブレてしまうので、自分の感覚がわからなくなってしまうんです。すると自分の「楽しい」がどこかへ行ってしまいます。

逆に、自分を中心にして楽しんでしまったら、「自分だけ楽しいいんじゃいっしょにいる意味がないじゃない！」となります。

それを簡単に解決するメソッドがあります。ごちゃごちゃ考えなくても、相手の楽しい、と自分の楽しいを簡単に合わせる方法が。**自分の中心を意識して、その中心を相手の身体の中心に合わせてしまう「中心を当てる」メソッドです。**

自分の眉間、鼻の頭、そして、胸の中心、おへそにつながる体の中心ラインからまっすぐ垂直に相手までレーザーの照準が当てられている感じです。自分の体の中心ラインを相手の中心ラインと照準をぴたりと合わせてみるんです。

このメソッドを体験したある女性のケースを次に紹介しましょう。

ケース5

◆恋人といるときの気まずい沈黙の時間を解消したい

彼氏といっしょにいるときに「この人は私といっしょにいて本当に楽しいのだろうか？」と考えてしまいます。

「無理をして私に付き合っているだけなのでは？」とか「本当は楽しんでいない

のかも？」なんてことを考えてしまうと、本当は「楽しい」はずなのにちっとも楽しいということが表現できなくなってしまいます。

相手の気持ちばかり考えていたら「これを喋ったって興味がないはず」とか「私の話はつまらないかも」と余計なことを考えちゃうので、「チ～ン！」といつの間にか沈黙になります。

するとますます「気まずい空気が流れている」と焦れば焦るほど「何を喋っていいのかわからない！」となり、せっかく恋人といっしょにいて楽しいはずなのに「楽しいって表現できない！」となってしまうんです。

この前のデートのときに、あの沈黙の気まずい場面がやってきました。映画を観に行って「いっしょに観ていて楽しい！」と思っていました。でも「この人はどうなんだろう？」と相手のことばかり気になってしまって、観終わってから、「楽しかったね！」と素直に言えない自分がそこにいます。

カフェに入ったら、自分が「楽しかった！」と言わなかったのが悪かったのか、相手はいきなり雑誌を読みだしてしまいました。

そこで「照準を当てる」メソッドを使ってみることにしました。雑誌を読んでいる彼氏の中心に、自分の中心のレーザーポインターを当てるように、身体を調整していくと「あ！　これだ！」という感覚が得られたんです。

ちょっと面白かったのは、照準が合ったときに「あ！　ちょっとこの位置って気まずいかも！」と恥ずかしいような感覚になっちゃいました。そして、次の瞬間に彼氏がこちらが何も言っていないのに「え？　どうしたの？」と雑誌から顔を上げて聞いてきました。

いつもだったら「別に！」とか「何にも！」と言ってしまうのですが、自分の中心が彼氏に当たっていると「ねえ！　あの映画、面白かったね！」と言えていて「いっしょにいるとすごく楽しい！」と満面の笑みで言っている自分がいたんです。

すると彼氏が手に持っていた雑誌をテーブルに置いてくれて「自分も楽しかった！」とはじめて目を見て言ってくれて、「お～！」と感動します。

すると、それまで話してくれなかった仕事の話や家族の話をしてくれながら「絆」が深まっていくのを感じます。自分がちょっと中心をずらしてみると、彼氏の話がぴたりと止まるから面白い。再び照準を当ててみると、彼氏との距離がどんどん近づき、「こんな簡単なことでよかったんだ！」とびっくりしたんです。

「相手と向き合う」ということをよく言いますが、それを自分の身体の向きを調整してやってみます。すると、自分の中心が相手の中心にぴたりと当たったときに、「お！　相手も私も楽しいんだ！」という感覚が得られるようになるんです。

「なんだ！　こんなに簡単なことだったんだ！」とあほらしくなるようなことなんですが、**身体の中心を合わせるだけで「会話をしていて楽しいかも！」となるんです。**

次に、パートナーとの会話を失ったある男性のケースを紹介しますので参考にしてください。

ケース6

◆パートナーとの会話を取り戻したい

長年いっしょにいるから、自分はパートナーから飽きられているな、嫌われているな、と思う瞬間があるんです。

いつも、疲れた不機嫌そうな顔をしているし、話をしたってちっとも会話が続きません。だから、いつも新聞を読んでいるか、テレビを観て無駄に時間を潰しているだけ。「これからずっとこのままいっしょにいて楽しくない人と生活をするの？」と不安でした。でも、腹を割って話をして「相手から捨てられたら」と思うとそれも怖いし、だから、率直に話をすることができなくて不安で苦しくて困っていたんです。

そこでパートナーに「照準を当てる」メソッドを使ってみました。

食事のときは、テレビをつけながら、お互いに黙って下を向きながら食事をしているんですが、いつもと姿勢を変えて、自分の中心の照準をパートナーの中心に向けます。「何も感じない！」というところから、ちょっとずつ中心をパートナーに合わせたときに、「あ！　この角度に合わせたときに安心感がやってきたかも！」という感覚になりました。

それまでの不安でソワソワした感覚がなくなって、どっしりと落ち着いた気分になり、「どうなの最近は？」と相手にやさしい声で質問をしています。

すると、相手から「最近は結構忙しくて、人が足りなくて大変なんだよね！」

という言葉を聞くことができます。

「あ！　自分が嫌われているから相手が疲れた顔をしているんじゃなくて、仕事で疲れているからなんだ！」ということがわかって「ホッ！」とします。

さらに相手の中心に照準を当てたままでいると、「すごい忙しそうだね！　よく頑張ってるね！」と優しい言葉が自分の口からスラスラ出てくるから不思議。

するとパートナーはうれしそうな顔をして、「あなたの方は最近どうなの？」と聞いてくれます。自分の中心を相手の中心に合わせていると自分自身のことも素直に話すことができちゃうので、「仕事だから、やりたくないことまでやらなきゃいけないだろ。それが結構きついんだ」と相手に打ち明けています。

そうしていると、相手は「お互いに大変だね！　いつかいっしょに楽な生活が送れるようになったらいいね！」と言われ、涙が出そうになりました。

そう、これが私が求めていた言葉。「腹を割って話をする」という言い方があるけど、ただ相手と中心を合わせるだけでそれができちゃうんだ！　とうれしくなって、「職場でもこれを使ってみよう！」と楽しみになってきたんです。

4 「悪夢から覚める」イメージトレーニング

ケース7

◆好きな相手に、なぜか意地悪なことをしたり言ったりしてしまう

恋人が仕事で忙しいことがわかっているのに、1日でも相手からの連絡がないと、「私のことを大切だと思ってるなら、なんで自分から連絡してこないの!」と怒ってしまいます。

こちらの剣幕に相手が黙ってしまうと、「なんでいつまでも黙ってるの!」と追い打ちをかけて、「お〜! このまま追いつめていったらどんどん嫌われるぞ

〜！」ということまで言ってしまいます。

相手がちゃんと自分のことを思って好きでいてくれているのはわかっています。無理やり連絡してもらってもうれしくないこともわかっています。それでも、どうしても意地悪なことを言うのがやめられなくなるときがあるんです。相手を追いつめるのをやめることができないんです。

現実の相手を前にしながら頭の中では悪夢を見ている？

夢の中で、何か恐ろしいものに追いかけられていて、一生懸命走って逃げようとするんだけど、少しも前に進めないということがあります。「足が思うように動かない！　ヒィ〜！」となって、心臓がバクバクして目が覚めたりします。

また、ぜったい言ってはいけないようなことを口走って相手から嫌われ、それを聞いたみんなから嫌われる、なんていう最低な悪夢を経験した人もいるのではないでしょうか。「そんなこと本当は言いたくないのに！」と思っているのに、夢の中ではとめることができません。

実は、**ちゃんと睡眠パターンが取れていないと、「起きていながら夢を見ている」という状態になってしまうことがあるんです。**

自分ではちゃんと目が覚めているつもりなのに、頭の中はどこか夢の中。現実の世界で最悪なことが起きたときに「これが夢だったら！」と思うことがありますが、本当に頭はまだ夢を見ている場合がある、と考えると興味深いことになります。

まだ頭は夢の中だから、「言いたくない意地悪なことを言ってしまう！」となって、結果「ヒィ～！」となります。

まるで悪夢が現実のように思えるのですが、本当のところは「頭の中で夢を見ているだけ！」ということなんです。

そうなんです！　**目をあけて、現実の相手を目の前にしながら、頭だけは夢を見ている状態だから、言いたくないことを言ってしまうんです。**

だったら「あ！　私は頭で悪夢を見ている！」ということを自覚しちゃうと「目覚めよ！」となるから面白いんです。方法は簡単です。

「あ！　こんなときに言っちゃいけないことを言っちゃうんだよな！」とヤバい雰囲

気になったら、冗談っぽく聞こえるかもしれませんが、**「あ！　豚が空を飛んでいる！」とイメージすればいいんです。**これが「悪夢から覚める」メソッドです。

その豚は羽が生えていても、生えていなくてもかまいません。「ブヒ！　ブヒ！」と鳴きながら、豚が空を飛んでいるようすをイメージしてみると、頭が「あ！　ヤバい、起きなきゃ！」と思って意識レベルが変わります。

すると「優しい言葉が素直に出るようになった〜！」となるから「本当に私は目をあけながら悪夢の中にいたんだ！」ということがわかるんです。

ケース8

◆「悪夢から覚める」メソッドで怒りを消す

好きな人といっしょにいるときに、相手が言い訳がましいことを言ったりすると「カチ〜ン！」ときてスイッチが入ってしまって、「こいつ絶対に許せない！」と思ってしまいます。

好きな相手のはずなのに、「もうこいつ絶対に嫌だ！」と自分の中のムカつきが止まりません。

「しっかりとっちめてやらなきゃ！」と思ったときに、目の前に豚が飛んでいるようすをイメージしました。

「夜もちゃんと眠れてるし、悪夢を見ているなんてことあり得ない」と思っていたはずだけど、「あれ？　これは何？」と空飛ぶ豚さんを眺めていると、頭の興

奮が急に静まってきて、しゅーんとなり、「ごめん！　今私夢を見ていた！」と好きな相手に伝えて甘えるモードになっています。

するど相手も「ごめん！　言い訳しちゃって！」とちゃんと謝ってくれて、「お〜！　これが私が求めていた展開だ！」とちょっと感動します。

あのまま「ブヒ！　ブヒ！」が飛ばなかったら、好きな相手を攻撃しちゃって、嫌な気分で夜も眠れず、そして朝になって「なんであんなことをしちゃったんだろう！」と後悔で一日が真っ暗になるところでした。

そして「謝るべきか」、「いや相手が悪い！」という葛藤をずっと一週間ぐらい繰り返して時間を無駄にして、どんどん自分が惨めになっちゃうという最悪の展開になっていたかも。

「確かにあれって悪夢なんだ！」と気がつき、今は「空飛ぶブーちゃん！　悪夢から覚ましてくれてありがとう！」という気持ちなんです。

第4章

「いきたいほうにいける自分」に一瞬で変わる方法

1

「偽物を消す」メソッド

行きたい方向に行けるように自分を変える法

「これをやったらあの人は自分のことをどう思うんだろう？」とか「もし、失敗してしまったら」なんて余計なことを考えているうちに「行きたい方向とは違った道に進んでしまっている！」という状況になっていたりします。

私自身も中学生の頃から「カウンセラーになりたい！」と思っていたのにもかかわらず、「大学の心理学のテストで成績がとれる自信がない」と全く違う学部に進んでしまって「あれ？　自分は何をしているのだろう？」と思ったことがありました。

そして、気が付いたら「とりあえず普通の企業に就職してからじっくり探そう」と全く違う仕事を始めてしまって、再び「あれ？」となっていました。周囲の人たちからどう思われるかを気にして「普通に就職をしなければ！」となってしまったわけで、「カウンセラーの仕事なんかめったにないから」とかいろんな理由をつけて、自分の行きたい方向とは全く違う職業を選択していたんですね。

もちろん自分の行きたい方に行っていないので、仕事をしていてもどんどんストレスが溜まり、ついには「お腹が痛い！」「朝起きられない」となって仕事を続けられなくなりました。周りからは「結局お前はまともに何も続けることができない」という目で見られてしまうのです。

でも、心理学を勉強しているうちに、**「行きたい方向に進んだ方が人は幸せになれるんだ！」**ということがわかってきます。でも、それを実際に行うのはすごく難しいことに見えてきたんです。世の中のしがらみとか、後先のことを考えると、「なかなか行きたい方向なんかには行けませんよ！」という感じになってしまうんです。

そんな若い頃の私と同じ悩みを持っている方のために、この章では、簡単に「行きたい方向に行けるように自分を変える方法」を紹介していきます。

ケース1

◆男性を「好き嫌い」で選んでも「条件」で選んでも失敗する

目の前に「いい人かもしれない！」と感じる男性が現れると、これまで自分が「いい人」と思って付き合ってみたら大変な目にあったエピソードを思い出します。

「優しくていい人！」と思って付き合ったら、パチンコばかりしていて「貯金が全く無くて借金ばかりしている！」というとんでもない人とか。その人とは、お金を貸したまま別れちゃいました。

また「この人だったら浮気はしないはず」と思って付き合っていたら、「他にも彼女がいたから私にやさしかったんだ！」ということが発覚して、「ぜんぜんダメじゃん！」となりました。

だから「この人好き！」という基準で相手を選べなくなってしまって、「この人だったらパチンコをしないのでは？」とか「この人だったら浮気をしないかも？」ということを考えて男性と付き合うようになったんです。でも、「やっぱり私の選択は外れていた！」という結果になっていつも後悔しています。

自分が「好き！」と思う人を選べばいいのに余計なことを考えて、全く違う人を選んでしまい後悔するというパターンを繰り返すんです。

不安が消え、本当に進むべき道が見えてくる

よくアニメなどで、登場人物が何かを決断するときに、天使の格好をした自分と、悪魔の格好をした自分が出てきて「そっちに行っちゃダメ！」と制止したり、「行っちゃえ、行っちゃえ！」と悪い方向に誘ったりする場面が出てきます。

それと同じではないけれど、何かを決めようとするときに、「本当にそっちでいいの？」とか「この人を選んで大丈夫なの？」と不安にさせる思考が湧いてきます。その不安にさせる思考パターンをよく観察してみると、「あ！　これって母親から言われてたことだった！」、「友達に相談したときに心配して言ってくれていたようなことだ！」といったことがわかります。

とにかく、行きたい方向に進もうとすると、それらの声が響いてきて「不安！」となり、「やっぱりこの人はやめよう」、「違う人のほうがいいかも！」と思って、結局、本当に行きたい方向に進めなくなってしまうんです。

そこで、こうした**「不安」な思考が湧いてきたら、「あなたは本当に私が求めているものを知っているの？」とその思考に対して問いかけてみます。**もし不安にさせる思考が、本当に自分が求めていることを知らないのに不安として存在しているのであれば、そそくさと頭の中から消え去っていくはずです。

同じように、「大丈夫なの？　その人で？」と浮かんで来たら、「あなたは本当に私が求めているものを知っているの？」とその思考に対して問いかけると、「スーッ！」とそれが消えて頭の中の不安が静まり、「この人がいい！」と自分の行きたい方向に進めるようになるんです。

これを私は**「偽物を消す」メソッド**と呼んでいます。

先の女性のように、「この男性と付き合いたい！」と思った瞬間に「また裏切られるかも？」というこの思考が浮かんできたら、この「裏切られるかも？」という思考に、「あなたは私が本当に求めているものを知っているの？」という問いをぶつけてみるのです。

するど「あ！　消えた！」となるから「あれは私の本当の考えじゃないんだ！」ということがわかります。

同様に「借金がある人なんじゃないの？」という不安が湧いてきたら、「あなたは私が本当に求めているものを知っているの？」と問いかけたら、それも消えて「付き合ってみなければわからない！」となります。

「相手はあなたのことを何とも思っていないかも？」という思考が湧いても「本当に私が求めているものを知っているの？」とぶつけてみると「あれ？　それは私の考えじゃないんだ！」という感じで**次々と偽物の思考が打ち消されて、そして静かな自分が求めていることだけが浮き彫りになります。**

そして、自分が求めている方向に進んだときに「あ！　これでよかったんだ！」と思えるんです。同時に**「これまでの寄り道は無駄じゃなかったんだ！」**と思えるから面白いんです。

ケース2

◆仕事で最悪なことを考えてしまって、転職したくなってしまう

給料もそこそこよくて、仕事の内容もそんなに難しくないし、「楽に稼げる」という理由で今の仕事を続けてきました。

周りの人は自分と比べて高学歴で優秀なのですが「勉強ができたって大したことないじゃん！」とこれまでみんなを馬鹿にしてきました。

ところが、部長が変わってから上からの風当たりが急に強くなって、「あなた、全然仕事ができていないじゃないの！」と責められるようになったんです。これまでと同じように仕事をしているのに、突然叱責されます。

それまで味方になってくれていた上司も、手のひらを返したように非難するようになり、「もう、こんな仕事辞めたい！」と思うようになったら、会社に行くのがどんどん億劫になってしまいました。

朝、遅刻をしたり、電話を入れて「今日休みます！」を何度か繰り返していたら、上司から呼び出されて、「あなた！　仕事を続ける気はあるの？」と聞かれ、

「やばい！　辞めさせられるかも！」と不安になります。

そんなときは、頭の中で「こんないい給料がもらえる仕事は他にないんだからちゃんと続けなきゃ！」という考えと「もうこんなプライドばかり高い人たちがいる職場は辞めて自由に働きたい！」という気持ちが葛藤を起こして苦しくなります。

そして「辞めてしまったら誰からも雇ってもらえなくて路頭に迷ってしまうかも？」とか「うまく転職をしても、また今回のように嫌になって職場を転々として、どんどん会社のレベルも落ちていくことになるかも？」と不安になるんです。

葛藤の中で嫌々ながら仕事をしていると、ますます上司の風当たりが強くなって、「もう！　嫌！」となるんだけど、同時に「お金が無くなったらどうしよう？」と考えて、「やっぱり辞められない！」とどっちにも行けずに堂々巡りで苦しいんです。

本当の自分の声に耳を傾ける

カウンセリングに来たこの女性は、早速職場で「偽物を消す」メソッドを試してみることにしました。

「辞めたら二度とこのような給料をもらえる仕事に就けないかも？」と不安になったときに**「あなたは私が本当に求めているものを知っているの？」**と頭の中でその思考に対してつぶやいてみます。

すると「給料じゃなくて私は仕事のやりがいを求めている！」という思考が湧いてきます。「辞めちゃっていいのかな？」と再び不安になったときに、「あなたは私が本当に求めているものを知っているの？」とその不安に対してぶつけてみると、その不安がスーッと消えて**「意味のない仕事よりもそろそろ意味がある仕事をしてみたい！」**と思っている自分がいて、「あ！　そろそろこの美味しい仕事も卒業だな！」と思えたそうです。

「でも、いったん辞めてから次の仕事が見つかるかな？」と不安になったら、「偽物を消す」メソッドを使ってみると、「しばらく仕事のことを考えないで休みたい」という考えが浮かんできます。

思い切って仕事を辞めて、しばらく休暇を取ってみたら、「あ〜！　こんなに体がぼろぼろだったんだ！」ということに気がつき、休んだことでどんどん身体が元気になってきました。

「自分は職場で何もしていない！」と思っていたのですが、人一倍、周りに気を使って神経をすり減らしていたことに気づき、「あのまま続けていくのは無理だったんだ！」ということがわかり安心します。

そして「早く仕事を見つけなきゃ！」と焦り始めたら「偽物を消す」メソッドを使うと**「まだまだ！　焦らなくていい！」**となってゆっくりしていると「あれ？　以前の職場で知り合った人から仕事のお誘いがきた！」となりびっくりします。

「自分なんて仕事ができなくて誰からも相手にされない！」と思っていたのに、それって間違いだったんだ！　ということを新しい職場で気づかされるのです。

こうしてこの女性は、「偽物を消す」メソッドでいつの間にか自分が本当に望んでいた、自分を大切にして自由に働かせてくれる職場で生き生きと働くことができるようになっていたんです。

2 「未来を変えない」メソッド

ケース3
◆なんでも事前にプランを決めないと不安で今を楽しめない

テレビの旅番組を観ていて、「あー！　あんなふうにノープランで心のままに旅行できたら楽しいだろうな～！」と思うんです。

でも、いざ旅行プランを考え始めると、「宿が取れなかったらどうしよう？」とか「旅先で食事をするお店が無かったらどうしよう？」と不安になって、インターネットでいろいろと調べ始め、結局ガッチリ予約を入れてしまいます。

予約を入れたら、次は「時間通りにつかなかったらどうしよう？」となって、電車の時刻を調べていつの間にか細かいスケジュールを組んでしまいます。そして「宿泊先の浴場がいっぱいだったら嫌だから、早めにチェックインしなければ！」とすべてが前倒しになってしまうんです。

移動中の電車の中でも、「間に合わないかも！」とイライラしてしまいます。心のままに旅を楽しみたい、と思っていたのに、それとは反対に、何から何まで細かいことを事前に決めずにいられません。そして、宿泊先の旅館で食事をしながらも、次の予定のことを考えて、「間に合うかしら？」と気にしている「ちっとも楽しめない！」自分がいて、「嫌だ～！」となっていたんです。

未来の不幸を予測するとそれが現実になってしまう!?

心配すればするほど「不安になっていたことが現実になる！」という体験はありませんか？

「約束の時間に間に合わないかもしれない！」と不安になって、スマホの乗り換え案内で調べた最短ルートを使ったら、「全然予測していないトラブルが起きて遅刻した！」ってことありますよね。

実は、**不幸な未来を予測してしまうことで、それがいつの間にか現実になるんです。**だから、不幸な未来を予測して、その不幸が現実にならないようにと対策をすればするほど、どんどん未来が不幸な未来の方に変わって予想外のことが起きちゃって「きりがない！」となってしまいます。

でも、誰でも未来の不幸を想定し始めたら、そうならないための対策をせずにはいられなくなりますよね。こう考えてみると、私たちが単純に**「先のことを考えるだけで未来を変えてしまっている」**という可能性があるんです。

素敵な未来が待っているはずなのに、私たちが不幸を想像することで、それが現実として作られてしまう。だから「先のことを考える」というのは「未来を（悪く）変える」ことなんです。

「ああなったらどうしよう？」とか「こうなったらどうしよう？」と考え始めたら、「あ！　自分で不幸な未来を作っているんだ！」と思ってください。

そこで、**「未来は変えない！」と自分の中で先のことを想定するのをやめてみる**と、「お～！　未来って本当は自分の都合のいいように流れていくんだ～！」ということを実感できるようになるんです。これが**「未来を変えない」メソッド**です。

頭の中で「未来を変えない！」と唱えてみよう

ある女性は「職場でいじめにあったらどうしよう？」と考えてしまいます。実際は、他の人がいじめにあっていたのですが、「その矛先が自分に向かってきたらどうしよう？」と不安になるのです。

「そんなときは上司に相談した方がいいのかな？」と思うのですが、今度は「上司からも相手にされなくていじめがひどくなったら？」と不安になってぐるぐる堂々巡りに考えてしまいます。

するとある日、職場のお局《つぼね》さんから意地悪なことを言われ、「やっぱり来た！」と思って、それまで考えていた対策を実行してみますが、「全部思ったとおりいかなくて、どんどんひどくなる！」という感じになってしまいました。

これまで転職を繰り返してきて、やっと憧れの職業に就くことができたと思っていたのに「やっぱり自分が働きたいように働けなくて、いじめられて辞めさせられちゃうのかな？」と不安になります。

そんなとき、この女性は「未来を変えない」メソッドを使ってみることにします。

「あ〜！　明日も嫌なことを言われたらどうしよう？」と考えそうになったら「未来を変えない！」と自分の中で言ってみます。

女性は「本当に自分が不幸なことを考えているからそれが現実になっているだけなの？　信じられない！」と思っていたのですが「とにかくやってみるしかない！」と思って「未来を変えない！」を頭の中で連発していたんです。

するといつの間にかいつもより深く眠って、朝スッキリ目覚めている自分がいました。そして、職場に行ってみると「あれ？　お局さんの態度がいつもと違っている！」ということに気がつきます。それればかりか昼食にはお寿司に誘ってくれて「好きなのを食べていいわよ！」と太っ腹なことを言ってくれます。

「え？　本当はこの人いい人なのかも？」と思えてくるから不思議。お局さんの愚痴を聞いて、「なるほど！　会社の人間関係はこんな風になっているんだ！」と把握をすることができます。

仕事に戻っても、いつもだったら「仕事がうまくできなかったらどうしよう？」と考えてしまうところなのですが、「未来を変えない！」と頭の中で考えないでいたら、「あれ？　定時に帰れちゃうんですけど！」となるから不思議。

上司もやさしく「仕事が終わったら帰っていいよ！」と声をかけてくれるようになって、それに素直に甘えられます。さわやかな気分で家に帰ってきて、**「本当に私が不幸な現実を作り出していたのかもしれない！」**と思って、「自分で未来を変えない！」って面白いな！　と実感することができたんです。

外出の不安がなくなった女性のケース

ある女性は、「外出すると必ず嫌な目に遭うから外に出るのが嫌！」となっていました。

道を歩いていると、「前から来る人が必ず道を譲らずに突っ込んで来る！」と思ってしまい、そうすると必ずおっかなそうなお兄さんが自分にぶつかりそうになってきて、思わず「どこ見て歩いてるのよ！」と思わず舌打ちをしてしまいます。

電車に乗ったら「必ず隣に不快な人が座る！」と思っていたら、やっぱり太った中年の男性がものすごい汗の匂いをさせて無理やり狭い空席に座ってきて、「嫌〜！」となります。

スーパーに行けば、「レジのおばちゃんに嫌な態度を取られる！」と思っていると「その通り！」と言わんばかりに、おばちゃんがつっけんどんな態度で商品をカゴに放り投げていきます。「そんなに雑に扱わなくても」と思っているのですが、それを言ったら大変なことになるってわかってるから言えません。

「やっぱり思っていた通りになった！」と憂鬱な気分で家に帰ると、その日の嫌なことが頭の中でぐるぐる回って離れません。

そんなときに「未来を変えない」という方法をフッと思い出します。

「私はただ実際に嫌なことが自分の周りで起きるから、それに対する対策を常に考えているだけ。でも、対策を考えることで未来を変えちゃうって、本当なのかな？」と半信半疑で試してみることにしました。

いつものように嫌なことを考えそうになったら「未来を変えない！」と頭の中で唱えて、普段やっていることをやらないようにします。するといつも歩いている道がガラガラに空いていています。「なんで？」とちょっとびっくり。いつもだったら混んでいた道ががらんとしてだれも歩いていなくて、「いつもだったら、ここで人にぶつかってこられる！」というあたりにも誰もいません。

電車に乗ると、今度は不快な人が見当たりません。いつもだったら自分の乗る車両には、必ず一人や二人いる不快な人がいなくて「あれ？」となります。

お店に入っても、店員さんがやけに親切で「いつもと違う！」という感じで、自分が恥ずかしくなって表に飛び出してしまいました。

女性は「本当に自分が考えて未来を作り出していたのかもしれない！」と気づいてびっくり。**不幸を想定しなければ、自分が望んだ対応、待遇が受けられて、自分が行きたい方向へと自由に進めるようになってくるんです。**

3 「意味があることをしない」メソッド

ケース4
◆自分が本当に何をしたいのかわからず虚しくなる

子どもの頃に学校で先生から「みんなは今日は何がしたい！」と聞かれ、生徒全員そろって「自由時間がいい〜！」と答えました。そしたら先生が突然真顔になって「あなたたち！　自由の本当の意味ってわかってるの!?」と問い詰められました。

そして「自由が何かもわかっていないのに自由時間が欲しいっていうのはおかしい！」と、結局先生を囲んで「自由について話し合う会」を一時間やらされ、

「え〜?」となってしまいました。

大人になって、その子どもの頃の体験が影響しているのか、「好きなことをやってみたい!」とか「やりたいことを自由にやりたい!」と思うのですが「好きなことって何?」とか「自由といっても何を自由にやるの?」という感じでわからなくなってしまうんです。

何をやっても「これは本当に好きなの?」とか「自由にやってもなんか楽しくない!」と自分が何をしたいかがわからなくなって、どんどん虚しくなるだけなんです。

なぜ人生を虚しく感じてしまうのか

「自分が何をしたいのかわからなくなる」というのは「全ての自分の行動に意味を求めてしまう!」というのが原因している可能性があります。

人生において「意味のあることをやらなきゃ」とか「形になるものをちゃんと残さ

なければ」と考えて、一生懸命になってしまうんです。

人生を振り返ってみて、「自分はこれまで少しも意味のあることをやってきていない！」とか「人の役に立つことを何一つできていなかった」と思うのがそれです。

周りから「十分に家族のために尽くしてきたじゃない！」、「これまでも一生懸命に働いてきたじゃない！」と言われても、「そんなのみんなやっていることだし、なにも特別なことじゃない！」と思ってしまって、「意味のあることをやってきた」という実感が少しも得られないんです。

どうしてそうなってしまうのか？　**その原因は「常に意味を求めているから感覚が麻痺している」**ということが考えられます。

いつも「無駄がないように」とか「意味がないことはやらないし考えない」ということばかり意識していると、意味を感じるセンサーが麻痺しちゃって意味に反応しなくなってしまうんです。

そこで対処法としては、そのセンサーを元に戻すために、**「意味あることをしない」メソッド**を実践します。

意味のないことをすればするほど、意味を感じる感覚がちゃんと戻ってきて、

「あ！　自分のやってきたことは意味があったんだ！」ということが見えてきます。
それと同時に、「自分はこんなことがしてみたい！」という新しい方向性が見えるようになってくるんです。

「意味があることをしない」と本当にやりたいことが見えてくる

ある中年の男性は「自分が何をしたいのかわからなくなって気分が暗くなった」とおっしゃっていました。何をやっても虚しい感じがして、「自分が好きだと思ったことをしても意味がない感じがしてしまう」と言うのです。

これまで一生懸命自分のやりたい仕事をやってきて、好きな趣味も存分に楽しんできたつもりだったのですが、**「本当に自分はそれをやりたかったのか？」**ということがわからなくなり、あるときから、虚しくなって何も意味を感じなくなってしまったのです。

医者からは「うつ状態」と言われて薬を処方されたのですが、「薬を飲んでも何にもならない！」という感じになっていました。

別の専門家からは「これまで頑張りすぎたから〝燃え尽き症候群〟になってしまったのでしょう」と休養を勧められました。そして、会社にまとまった休暇をもらって、家で何もせず寝たり起きたりしていたのですが、休めば休むほど「やりたいことがぜんぜん見つからないし虚しいだけ！」となっていったんです。

この男性は哲学書が好きで、「哲学の観点からは何をやっても虚しいのはわかっているんです」とおっしゃいます。でも「それがわかっていても、自分のしたいことを見つけたくてしょうがないんです」と興味深いことをおっしゃっていました。

そこで「意味があることをしない！」というメソッドを試してもらうことにしました。

男性は「なんですかそれは？」と質問します。「だから〝意味があることをしない〟という単純な方法です」と説明します。

すると男性は「それって自分の麻痺した感覚を取り戻すために、やるということですか？」と質問をされます。

「それだと〝感覚を取り戻す〟という意味ができちゃいますから違いますよね！　**何も考えず〝意味のないこと〟をひたすらやってみるんです。**そうすると、これまで見えなかったことが見えてくるかもしれません」とお伝えしたんです。

その男性はとても真面目な方で、「温泉には意味がない」と思っていたらしくて、早速、湯治場に行ってひたすら温泉に浸かることにしました。「こんなことをやっても意味がないな〜！」と思いながら入り続けました。

湯治場では、居酒屋で地元の人たちと知り合いますが、「話したって意味がないな」、と思いながら話を続けます。その間も男性は「もしかしてビジネスチャンスがあるかもしれない」とすぐに〝意味〟を求めてしまいますが、「意味があることはしない」と頭の中で唱えて、ひたすらどうでもいい話を聞いて、自分からもどうでもいい話をしていると、「あれ？　これって意外に楽しいかも！」と思え、自分の気持ちの変化にちょっと悔しいような気持ちになります。

翌朝、風呂の中で、男性は「温泉に浸かっても意味がない」と思っていたのに、「ちょっと気持ちいいかも！」と思い始めている自分がいてびっくりします。

朝食を食べた後に「こんなにダラダラしていたら太ってしまう」と運動する気になりましたが、今度は「意味があることはしない！」と言われているので運動ができずにちょっとイライラしてきます。

そうすると**「え〜い！　本当に運動がしたいんだからすればいいんだ！」**という気持ちが湧いてきて思い切ってジョギングに出かけました。そして走りながら「あ！　意味がないことをしていると気持ちいいかも！」と思えるようになったんです。走った後の宿に戻ってからの温泉が最高！　すっかりリラックスして楽しんでいると、「あ！　自分の感覚が戻ってきた！」と感じ始めます。

そして、いつの間にか「もっと好きなことをやりたい！」と思っている自分に気づき、「はっ！」とします。**好きなことをちゃんと感じられるようになっていたんです。いつの間にか。**

真面目にしない方が仕事の効率が上がる？

私がカウンセリングをしたある女性は、ずっと「自分のやりたい仕事」を続けていましたが、たとえ相手が上司でも「間違っていること」が許せなくて、たびたび上司とぶつかり、そのためこれまで何度か転職をしていました。

女性は本を読むのが大好きで、毎日、小説や自己啓発書など何時間も読んでいました。以前からお見合いの話は何度かあったのですが、女性は「この人と結婚したらこうなる」と先のことが見えてしまう気がして断り続け、そのうちお見合いの話は来なくなってしまいました。

周りの友達は、すでに結婚して子育て中心の生活をしています。そんなときに、女性はフッと自分の人生を振り返って、**「これまでの私の人生はなんだったんだろう?」**と考えるようになってしまいました。

「〝好きなこと〟をやってきたつもりだったけど、何の意味があったのだろう?」、「これまで本をたくさん読んできたけど、私の人生にちっとも活かされていない」と思ったらすごく不安になってきて、これからの人生で何をしたらいいのかわからなくなってしまったんです。

すると、仕事でミスを連発するようになり、大好きだった本も読めなくなりました。ひどく疲れを感じるようになり、「何もしたくない」となって「何をしたらいいのかわからない」という不安だけが膨らんでしまいます。

そこで女性は、**「意味があることをしない」メソッド**を試してみます。

まず、これまで「仕事に役に立つかも?」と思って読んでいた新聞やニュースを見るのをやめてしまいました。

すると今度は、読めなかった本が読みたくなったのですが、やっぱり本も「仕事に役立つかも」という思いで読んでいたので、「意味があることだから本は読まない」ことにしました。趣味の散歩も「健康のために」と意味づけしていたのでこれもやめてしまうと、だんだんストレスが溜まってきます。

女性はあらためて、**これまでありとあらゆることに「意味づけをしてやっていたんだ！」ということに気づきます。**確かにこれじゃあ疲れるよな、と感じるようになったんです。

女性は、会社のどうでもいい後輩の男性社員と昼休みにランチに行き、普段なら「後輩の仕事に対するモチベーションを上げてやらなきゃ！」などと考えてしまうのですが、「意味があることをしない」というメソッドに従って、「彼女いるの？」とこれまでしてこなかったような「無駄な」な話をします。すると、「あ！　私って結構職場のゴシップとかが好きなのかも！」と感じます。

それまで無駄な噂話をしている人たちを「何が楽しいのかしら」とずっと軽蔑していたのですが、「意味がない」「くだらない」会社の人のゴシップや噂話をだらだら聞いていると、「いつも読んでいる小説よりも面白い！」と思えてきたのです。

こうして**「自分にはこんな下世話な部分があったんだ！」**と新たなる発見がありました。会社の人とくだらない噂話に花を咲かせていると、「あ！　仕事って楽しいのかも！」と思えてくるんです。

これまでは「ミスをしないようにしなきゃ！」とか「周りの人に迷惑をかけないようにしなければ！」と頑張っていたのに、それでもミスを連発する自分に悩んできました。ところが同僚や友達とくだらない話ばかりしていたら、仕事でミスをすることが減ってきて、**「あれ？　なんで真面目にやらない方が仕事の効率がいいんだろう？」**と不思議に思えてきます。

そして、仕事をいつもより早く切り上げて、「意味がない」と思っていた婚活パーティーに同僚に誘われて行ってみます。「どうせダメな男性しか参加していないでしょ！」と思っていたので、「意味があることをしない！」の条件にピッタリでした。

どうでもいい相手と、どうでもいい話をして、「お付き合いをする」なんてことも考えないでいると、パーティーが終わってから、「え？　そんなにたくさんの男性から選ばれたの？」とびっくりします。

これまで参加したって選ばれたことがなかったのに、「話が面白い！」と男性から好かれて「またぜひお会いしたい」と声をかけられるようになりました。

女性は、「先生！　どうして意味がないことをしている方がものごとがうまくいくようになって楽しくなるんですか？」と私に質問してきます。

「それを言っちゃったら〝意味がある〟ことになってしまうからダメでしょ！」と告げると、女性は「確かに！　私もこの流れを崩したくないですからね！」とおっしゃりながらカウンセリングルームを後にされました。さわやかな笑顔と共に。

4 「全てのものと関係をよくする」メソッド

ケース5
◆つい反対意見を言ってしまい、場の空気を悪くしてしまう

友達と話していて、彼氏の話になったときに「いいね！」とだけ言っておけばいいのに、その男性にちょっとでも問題がありそうだと、ついよかれと思って「その彼ってあなたのことをちゃんと考えてくれているの？」と余計なことを言ってしまいます。それで、その場にいたみんなが凍りついちゃうんです。

「しまった！　また余計なことを言っちゃった！」と思っても〝時すでに遅し〟。

「あんたっていつもそうだよね！　人が幸せそうにしているのをぶち壊してばっ

かり！」と友達から怒られてしまいます。

私としては「そんな問題がありそうな彼氏と付き合って本当に大丈夫？」と心配になったから言っただけなのに、「なんで私の気持ちをわかってくれないの？」と思うんです。

思い切ってそれを当の相手に伝えたら、「余計なお世話よ！　あんたとなんか口も利きたくない！」と、それからずっと冷たい態度を取られて、こっちもものすごく気分が悪くなってしまうんです。

「仏像の手のひらのポーズ」で余計な万能感を取り払う

カナダのある高名な心理学者が**「過去と他人は変えられない」**と言っていました。

でも、私たちは「あの人のことを何とかしてあげなくっちゃ！」と思うと、つい相手を変えようとしてしまいます。こうして「このままだとあの人が大変なことになっちゃう！」と思って発するのが「余計なひと言」なんです。

他人から過去のことを持ち出されて「あのとき、あなたはああしておけばよかったのに！」と意見をされると「ムカッ！」ときますよね。それは、「そんなことといまさら言われたって過去を変えられるわけがないのに、いったいどうしろっていうの!?」とストレスを感じるからなんです。

過去を変えられないのと同じように他人も変えられません。それなのに、周りから「あなたはこのようにならないとダメだ」などと意見されると、相手も「そんなこと言われたって！」となるんです。

一方で、**「もしかしたら私は相手を変えられるかも？」と思ってしまうのは、「万能感」という感覚のせいです。**

1章でも説明したように、万能感とは幼い子どもが持っているもので、「自分は特別な存在でなんでもできる」という感覚。自分は他人を改心させて変えることができる「神」のような存在であると勘違いしちゃうんです。

万能感に憑《と》りつかれて自ら「神」を演じてしまうと、その人は「孤独」になります。もし、本当に人のことを変えられる神だったら、「あの人に近づいたら自分を変えられちゃう！　コワい～！」ってなるでしょ？

本当は相手を幸せな方向に変えてあげて、みんないっしょに幸せになりたい、というのが自分の「行きたい方向」なのに、**相手を変えようとすると、周りから嫌われて孤立しちゃうんです。**だから結局「全然私の行きたい方向じゃない！」となります。

さらに「この状況を何とかしなきゃ！」と思ったら、「自分は何とかできる！」と再び万能感に憑りつかれちゃうから、「余計なことを言うのがやめられない！」となってしまうんです。

「みんながすべていい方向に行っていっしょに幸せになれますように！」と願うんだったら、**「仏像の手のひらのポーズを真似して万能感を取り払っちゃおう！」**という方法があります。

仏像の手のひらのポーズは仏像の種類によって違っていますが、ここで紹介するのは、「手のひらを上に向ける」ポーズです。手のひらを上に向けて話を聞くだけで、不思議と、「あ！　この人は大丈夫かも！」と思えるから不思議。このポーズをしながら話を聞いてあげるだけで、「この人はいつか幸せになれる！」と思えて、そしていつの間にか相手と共に幸せな気分に浸ることができるのです。

「そう！　私はこれがしたかったんだ！」

私のカウンセリングを受けたある女性が、「自分は話を聞いているときにどんな手のひらのポーズをしているんだろう？」とちょっと興味を持ちました。そして時折チェックしてみると、友達からゲスな彼氏の話を聞いているときには、「あ！　左手の中指を立てている！」ということに気がついてびっくり。

そうやって相手の話を聞いていると、「どうしてそんなバカと付き合うのかな？」とか「本当にあなたに対する彼氏の態度はムカつくんですけど！」と怒りがどんどん湧いてきます。

そこで「手のひらを上に向けて話を聞く！」ということを実践してみます。すると「スーッ！」と頭の中から怒りが去っていき、「この子は大丈夫！」と思えてにこやかに話が聞けるから面白くなりました。

あんなに友達の彼氏に対して怒りがあったのが、**手のひらを上に向けることで、そこから蒸発してしまったかのように怒りが収まって、**「いいんじゃない！　これから二人で面白くなっていくんじゃない！」と不思議と思えてしまうのです。

そう！　その友達の願いがどんどんかなうと思える感じ。そんな感じでいると、友達もいろいろ打ち明けてくれるようになって、「あ！　本当にこの子は大丈夫だ。幸せになれるんだ！」と思えて、自分も幸せな気分に浸ることができたそうです。

「そう！　私はこれがしたかったんだ！」とちょっとうれしくなったと、その女性は目を輝かせて私に語ってくれました。

装丁◉原田恵都子（Harada + Harada）
カバー挿画・マンガ◉福田玲子
本文デザイン・DTP◉桜井勝志
編集協力◉江渕眞人
編集◉飯田健之

いつも「ダメなほうへいってしまう」クセを治す方法

2018年3月14日　第1版第1刷

著　者　大嶋信頼
発行者　後藤高志
発行所　株式会社廣済堂出版
〒101-0052　東京都千代田区神田小川町2-3-13　M&Cビル7F
電話　03-6703-0964（編集）
03-6703-0962（販売）
FAX　03-6703-0963（販売）
振替　00180-0-164137
URL　http://www.kosaido-pub.co.jp

印刷所
製本所　株式会社廣済堂

ISBN978-4-331-52149-6　C0095